NOTICE HISTORIQUE

SUR L'ORIGINE

DE LA VILLE D'ÉTAMPES

Paris. — Imp. de Pillet fils aîné, rue des Grands-Augustins, 5.

NOTICE HISTORIQUE

SUR L'ORIGINE

DE LA VILLE D'ÉTAMPES

PAR

E. DRAMARD

Avocat à la Cour Impériale de Paris,

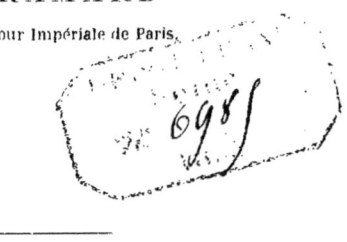

Cet ouvrage a obtenu une mention honorable au concours des antiquités nationales (Académie française).

A PARIS
CHEZ DUMOULIN, LIBRAIRE
QUAI DES GRANDS-AUGUSTINS, 13.

A ÉTAMPES
CHEZ FORTIN, LIBRAIRE
PLACE DE L'HÔTEL-DE-VILLE.

1855

NOTICE HISTORIQUE

SUR L'ORIGINE

DE LA VILLE D'ÉTAMPES

> « Qui n'aime les étymologies, quel est l'homme studieux dont l'imagination ne se soit surprise à errer de conjectures en conjectures, de siècle en siècle, à la recherche des débris d'une langue oubliée, de ces restes de mots qui sont des fragments de l'histoire des nations? »
>
> J. V. Leclerc.

L'Académie des inscriptions et belles-lettres recommandait, il y a deux ans (1), à l'émulation des candidats à ses prix annuels, entre autres sujets dignes d'étude, une histoire de province, où l'on s'attacherait à prendre pour modèle la méthode et l'érudition de D. Vaissette, telle que celle de l'Ile de France, de la Picardie, de la Champagne. En effet, l'histoire de l'une des provinces les plus intéressantes, si ce n'est la plus intéressante, comme ayant été le noyau assimilitateur de notre France actuelle, est encore à faire; c'est celle des pays qui constituaient, dans le principe, l'ancien domaine de la couronne, l'héritage de Robert le Fort, et qui sous les Mérowingiens, aussi bien que sous les rois de la deuxième et de la troisième race, ont toujours été reconnus comme la tête du royaume.

(1) Académie des inscriptions et belles-lettres, séance publique annuelle du 25 novembre 1853.

Laissant à d'autres le soin d'aborder un travail aussi considérable, nous avons pensé qu'il n'était pas sans intérêt de préparer, pour notre faible part, les voies à ce grand ouvrage ; et, circonscrivant nos études à l'une des villes qui ont eu le plus d'importance dans l'ancien duché de France, nous avons consacré nos recherches à la ville d'Étampes ; nous avons essayé de découvrir ses origines, de reconstruire la géographie de son territoire, d'élucider les traditions relatives à quelques-uns de ses monuments ou aux localités voisines, et les légendes des saints qui y sont honorés. C'est dans le but d'accomplir une partie de ce projet, en ce qui concerne la ville elle-même, que nous publions ce premier essai.

Sans prétendre revendiquer en faveur de la ville d'Étampes une importance exagérée, nous pouvons avancer sans crainte, qu'elle a droit d'être fière de son passé. Car, si de même que quelques autres villes, elle ne figure pas dans nos annales, entourée de l'éclat qui s'attache à certains grands événements, ou à quelques grandes catastrophes, son rôle, pour être secondaire, n'en offre pas moins quelque intérêt. Son histoire a l'avantage de présenter un tableau complet de la vie, au moyen âge, des populations qui habitaient les pays de l'ancien domaine de la couronne, — Paris ayant eu de bonne heure une existence à part et différente de celle des autres parties du royaume. — Attachée aux rois dès les premiers temps de la monarchie ; comptée par les Capétiens au nombre des villes les plus importantes de leur domaine ; séjour favori de plusieurs d'entre eux, qui l'embellirent et la dotèrent à l'envi ; souvent donnée en apanage à des princes du sang ou à des personnages illustres, sans cesser d'être sous la souveraineté immédiate des rois ; assiégée, prise et reprise plusieurs fois pendant le cours des guerres civiles dont Paris fut si souvent le foyer, on la trouve toujours associée aux plus grands événements de notre histoire ; et si elle n'eût pas, comme tant d'autres, l'avantage si chèrement payé d'obtenir une commune éphémère et une constitution démocratique, à l'époque du grand mouvement communal, elle obtint du moins des priviléges avantageux qui lui assurèrent, sous la protection des rois de France, une existence moins orageuse, tout en lui conservant une individualité. Elle offre encore aujourd'hui, comme souvenirs de son passé, quelques monuments religieux et civils, un vieux donjon féodal, et un recueil de coutumes locales dont la date remonte à l'époque de la rédaction des plus anciennes coutumes.

L'époque romaine est ordinairement celle à laquelle on s'arrête dans les recherches faites sur les antiquités de nos villes, et, pour peu que l'on ait découvert quelques traces plus ou moins authentiques d'un camp retranché, quelques médailles, des débris de poteries, on constate que Rome a passé par là, et l'on se tient pour satisfait, sans réfléchir que le plus souvent Rome n'a fait que s'établir au milieu d'un groupe indigène, que ses *villæ*, ses monuments, se sont élevés à côté des cabanes gauloises. Rome ne se contentait pas de vaincre et de soumettre ; il ne lui suffisait pas de construire des camps fortifiés, des châteaux, de multiplier les postes militaires afin de prévenir et de réprimer les soulèvements nationaux ; elle voulait être partout présente, faire partout sentir son action et à tous les instants. Les patriciens, les soldats recevaient des terres, les nobles Gaulois eux-mêmes, devenus agents de la civilisation romaine, la représentaient dans chaque village. Les ruines qui attestent aujourd'hui leur présence ont presque seules le privilége d'émouvoir les antiquaires. C'est une date à peu près certaine qui leur sert de point de départ. Mais si les Gaulois, comme tous les peuples primitifs, n'ont laissé que de bien faibles et incertains vestiges de leur passé, nous avons sur eux quelques données sûres qui sont autant de bases à des conjectures que d'autres faits peuvent presque changer en certitudes.

Les auteurs qui ont écrit sur Étampes s'accordent à lui donner une origine fort ancienne ; mais sans montrer sur quel fondement s'appuie cette opinion, et sans chercher des arguments en sa faveur, ils se contentent de passer en revue superficiellement quelques traditions et quelques étymologies et de déclarer « qu'Estampes ayant pris son nom des propriétés et des qualités du lieu de sa situation, et n'estant pas d'ailleurs une ville fort ample, il ne faut pas s'étonner si nous n'en pouvous sçavoir la véritable origine ni le fondateur (1). » Pour nous, nous pensons que l'on peut faire remonter plus haut les recherches, et que les résultats obtenus par la science moderne peuvent être mis en œuvre avec fruit.

Le nom d'Étampes, ou plutôt du *pagus Stampensis*, apparaît pour la première fois dans le traité conclu à Andelot, entre Hildebert II, roi d'Austrasie, et son oncle Gunthramn, roi de Bourgogne, en l'an 587, aux termes duquel les deux rois se sont partagés définitivement la succession de Haribert, roi de Paris, mort plusieurs années avant, et ont réciproquement institué le survivant d'eux héritier de toutes les propriétés de l'autre. Hildebert, par ce traité, céda à son oncle Châteaudun, Vendôme et les *pays d'Étampes* et de Chartres qui étaient échus à son père Sigebert de la succession de Haribert : « Cum « Castellis Duno et Vendocino, et quidquid de *pago Stampensi*, « vel Carnoteno (2), etc. »

Mais l'existence de ce pays d'Étampes nous est indiquée rétroactivement par Grégoire de Tours, voici à quelle occasion. Un synode ayant été réuni à Metz, en 590, Egidius, évêque de Reims, y comparut sous le coup de diverses accusations. Une des charges principales qui amenèrent son exil à Strasbourg, fut qu'il avait suscité entre les rois Hilperik et Sigebert une guerre dans laquelle avaient été livrés au pillage la ville de Bour-

(1) Fleureau, *Antiquités d'Étampes*, p. 6.
D. Bazile Fleureau, religieux barnabite de la Congrégation de Saint-Paul, que nous aurons l'occasion de citer plus d'une fois dans le cours de cette notice, a réuni, sous le titre d'*Antiquités de la ville et duché d'Étampes*, tout ce qu'il avait pu recueillir sur cette ville, sa patrie. Son livre est le fruit de recherches patientes et nombreuses ; il renferme des idées justes et des documents authentiques, des traditions qui, sans lui, nous échapperaient aujourd'hui, « les ayant recherchéz, nous dit-il dans sa préface, avec l'aide de mes amis, dans le trésor des chartes de Paris, dans les greffes de la chambre des comptes, du parlement et autres, dans les cartulaires des églises et des monastères, ou qui m'ont esté fournis par ceux qui les ont en leur possession. » On pourrait lui reprocher de donner trop de place à beaucoup de faits peu importants, en passant trop rapidement sur quelques parties qui auraient mérité de l'arrêter davantage. Nous devons cependant lui savoir gré de n'avoir rien négligé pour réunir tous les éléments de la vérité, puisque la patience d'investigation avec laquelle il enregistre tant de détails minutieux, nous met sur la trace de découvertes plus sérieuses. Il s'est surtout placé dans son ouvrage au point de vue de ses antiquités religieuses qui en occupent la majeure partie.
Paris, Jean-Baptiste Coignard, 1683.
(2) *Grég. de Tours*, liv. X, chap. xx.

ges, *le pays d'Étampes* et le château de Melun : « Quid tu
« commisisti fratres meos, » lui dit l'évêque Ennodius au nom
de Gunthramn, « ut inter illos bellum civile consurgeret : Undè
« factum est ut commotus exercitus Biturigas urbem, *pagum*
« *Stampensem*, vel Mediolanense castrum diruerent atque depo-
« pularentur (1). » Ce passage fait clairement allusion à la guerre
qui éclata entre les fils de Hlother I, en 567, et à laquelle Fré-
dégonde et Brunehault durent une si triste célébrité.

Plus tard, en 612, une bataille sanglante est livrée auprès
d'Étampes entre les armées de Théodorik d'Austrasie et de
Hlother II. Aimoin et Frédégaire nous en ont donné le récit
assez détaillé, sans ne différer que sur le lieu précis où elle fut
livrée; mais cette fois c'est bien de la ville elle-même qu'il
s'agit : « *Stampas* super fluvium Junnæ, » dit Aimoin; et Fré-
« dégaire, *Stampas* per fluvium Loa. » Étampes est arrosée par
la Juine et la Louette.

Voilà donc l'existence de la ville et du pays d'Étampes bien
constatée dans la seconde moitié du VIe et au commencement du VIIe siècle. Devons-nous en conclure que l'origine
d'Étampes ne remonte pas à une époque antérieure, et que
c'est dans les limites de la seconde moitié du VIe siècle qu'il
faille la placer ? Des considérations graves, des faits d'une certaine importance ne nous permettent pas d'hésiter un instant à
rejeter cette opinion. Il n'y a guère que les villes fondées pour
ainsi dire administrativement et à jour fixe, avec des éléments
formés à l'avance, comme l'ont été quelques colonies romaines,
qui aient une date certaine ; les autres ont souvent existé des
siècles avant de se révéler à l'histoire. Qui pourrait dire à quelle
époque furent construites les premières cabanes du hameau qui
est devenu Paris ou Londres ? Nous allons donc d'âge en âge
remonter jusqu'à l'époque où, selon nous, se place le plus vrai-
semblablement l'origine de la ville qui nous occupe. Nous pro-
duirons toutes les preuves, nous rapporterons tous les documents, nous discuterons tous les indices que nous avons pu
recueillir pour prouver que cette ville existait déjà au temps de

(1) *Grég. de Tours*, liv. X, chap. xix.

la conquête romaine, et qu'elle doit son origine aux plus anciens habitants de la Gaule. Nous essayerons de démontrer qu'elle ne put être fondée par les Franks ni par les Romains, et que conséquemment elle est née du sol, sortie d'une réunion de quelques pâtres gaulois.

Telle est la thèse que nous abordons.

§ 1.

L'existence d'un *pagus Stampensis* est un fait très-significatif; si l'on se rappelle quelle était l'origine et la nature de la circonscription territoriale appelée, aux derniers temps de la domination romaine, du nom de *pagus*. « Le *pagus*, dit M. Guérard (1), représente tantôt le territoire d'une cité, tantôt une partie seulement de ce territoire, tantôt un district plus ou moins étendu, appartenant à différentes cités. Au-dessus de la cité ou *pagus major* était la province, *provincia*. » La cité dont faisait partie le *pagus Stampensis* était celle de Sens, *Civitas Senonum*, capitale de la quatrième Lyonnaise ou Senonaise, et plus particulièrement d'un *pagus Senonicus* qui était le *pagus major*, comprenant plusieurs *pagi minores* dont nous retrouvons les noms à l'époque de l'invasion franque, et postérieurement, tant dans les historiens contemporains que dans les chartes, diplômes, cartulaires et autres documents qui nous en sont restés. Tels étaient le *pagus Pruvinensis*, le pays de Provins, *pagus Wastinensis*, le Gâtinais, *pagus Stampensis*, l'Étampois, et tant d'autres.

On connaît la corrélation qui existe entre les archidiaconés et l'ancienne division des *pagi*. A partir de Charlemagne, chaque diocèse fut divisé en archidiaconés, et les divisions civiles romaines servirent de types à ces nouvelles divisions ecclésiastiques. Les limites ne varièrent en général que d'une façon à peu près indifférente ; toutefois, sous la dynastie mérowingienne, elles durent s'altérer un peu plus sensiblement que les grandes divisions des diocèses. Ainsi la Senonaise forma l'archevêché de

(1) *Polyptique de l'abbé Irminon*, t. I, p. 41.

Sens, ayant pour suffragants les évêchés établis dans chacune des *civitates* de cette province, et chaque évêché fut, par la suite, divisé en autant d'archidiaconés qu'il y avait eu de *pagi*.

On peut considérer les *pagi* comme étant d'origine gauloise, et comme ayant été dans le commencement le pays habité par chaque petit peuple gaulois (1). Ce fait, sur lequel nous aurons à revenir plus loin (2), conduit directement à établir que le *pagus Stampensis* étant d'origine gauloise, la ville d'Étampes, *Stampæ*, qui lui a donné son nom, date des temps antérieurs à la conquête romaine et était le chef-lieu, comme nous dirions aujourd'hui, d'un petit clan gaulois habité par les *Stampenses*, ou tout autre nom approchant.

Cette conséquence n'a en elle-même rien d'invraisemblable, si l'on pense à la multiplicité des petites peuplades répandues sur le sol des Gaules, à une époque où chaque petite association d'un même peuple était à peu près indépendante des autres, et ne reconnaissait d'autres liens que celui qui les rattachait à un clan plus puissant, dont le nom s'étendait à toute la Confédération. Les Romains, qui conservèrent en masse les divisions, sont loin d'avoir noté les noms de toutes ces petites tribus, et ne nous ont conservé que ceux des principales, avec lesquelles ils eurent des démêlés. Que l'on songe que César est le seul qui nous décrive l'état de la Gaule d'une manière un peu complète, à l'époque de la conquête, et l'on ne s'étonnera pas que le nom d'un si petit nombre de peuples nous soit parvenu; lorsque plus tard ils furent tous bien classés, le travail de l'administration romaine avait fondu politiquement tous ces éléments, et ses divisions s'arrêtaient aux provinces, sans s'occuper des divisions d'un ordre inférieur.

Étampes étant ainsi le chef-lieu d'un *pagus*, ne pouvait être de date récente; à moins que l'on ne suppose que la ville ait pris son nom du pays où elle se trouvait, au lieu de lui donner le sien. C'est, en effet, ce qui arriva pour beaucoup de villes; nous ne citerons que Paris qui perdit son nom gaulois de *Lu-*

---

(1) Guérard, *Polyptique de l'abbé Irminon*. t. 1, p. 41.
(2) Voy. p. 37.

tetia, pour prendre celui du peuple dont elle était la capitale, les *Parisii*. Cette explication établirait infailliblement l'origine celtique d'Étampes, et confirmerait la supposition que nous venons d'émettre qu'elle était le chef-lieu d'un petit peuple de *Stampenses*, puisque son existence, demeurant ainsi constatée, elle n'aurait fait que changer de nom pour prendre celui de la peuplade. Car un *pagus Stampensis* ayant existé au commencement du vi[e] siècle, il n'est pas probable, disons même qu'il est à peu près impossible qu'une ville se soit élevée quelques années plus tard en cet endroit, et ait pris le nom de ce *pagus*, et de plus que ce soit précisément cette ville qui en soit devenue le chef-lieu. En effet, si en 587, au traité d'Andelot, il n'est fait mention que du *pagus Stampensis*, on se rappelle que plus tard, en 612, Aimoin et Frédégaire citent la ville elle-même (*vide suprà*, p. 9), *Stampas*, auprès de laquelle s'est livrée la bataille dont nous avons parlé. Ce n'est point dans l'intervalle de ces deux événements, c'est-à-dire dans l'espace de vingt-cinq ans, que peut se placer la fondation d'une ville qui, de primesaut, se trouverait chef-lieu d'une province, ou bien alors cette ville est une colonie, et les Franks ne peuvent en être les fondateurs comme nous l'allons établir; dès lors cette ville existait déjà, et dans ce cas notre proposition demeure telle que nous l'avons établie dès le principe.

D'un autre côté, sans pousser jusque dans ses dernières limites notre raisonnement relatif à la filiation du *pagus*, il aurait pu se faire que la division existant en fait, elle eût porté un autre nom jusqu'à une époque postérieure, vers le temps de la conquête franque, et que ce nom ce ne fût pas d'Étampes qu'elle l'eût pris dans le principe. Cette ville aurait ainsi pu n'être fondée que plus tard et substituer un nom tiré du sien propre à celui que la circonscription territoriale dont elle devenait le chef-lieu portait antérieurement. Le pays d'Étampes, après avoir porté une autre dénomination, aurait pris celle de *pagus Stampensis*, vers les derniers temps de la domination romaine. En effet, il est bien vrai que les Romains trouvèrent les divisions des *pagi* établies matériellement, et que Jules-César se sert de cette appellation pour indiquer une subdivision d'un ordre inférieur : « ... In omnibus civitatibus, atque in omnibus « pagis, partibus que... (1). » Ce mot, qu'il trouvait dans sa langue avec une autre signification, et qu'il fut le premier à employer avec celle qu'il a ici, lui parut traduire très-exactement un mot celtique, *paës*, indiquant une organisation politique et civile se rapprochant du clan écossais, « organisation fondée sur la coutume du patronage et de la clientèle (2). » Mais il ne s'ensuit pas forcément que tous les *pagi* dont les noms nous sont postérieurement parvenus soient d'origine gauloise. On a au contraire quelques exemples de *pagi* dont le nom au moins indique l'influence romaine. Tel est l'ancien *pagus Castrensis*, le Castrais, près d'Étampes, plus tard le Hurepoix, qui prit son nom de *Castra*, Châtres, aujourd'hui Arpajon, ville d'origine ou au moins de reconstitution romaine ; ce qui tendrait à dire qu'Étampes put bien être fondée à une époque postérieure à celle que nous assignons, et qu'elle put devoir son origine aux Franks ou aux Romains, sans infirmer toutefois ce principe que le *pagus*, quelque nom qu'il ait porté à diverses époques, celtique, romain ou frank, est d'origine gauloise et rappelle presque toujours une division primitive à l'usage des aborigènes. Nous croyons devoir rejeter également ces deux hypothèses. En voici les motifs.

En ce qui touche les Franks, il n'y a pas lieu de faire de bien longues démonstrations pour prouver qu'ils n'ont pu être les fondateurs d'Étampes. Il n'était pas dans le génie des Franks de fonder des villes, ce qui est le fait des peuples avancés en civilisation ; l'histoire tout entière des invasions barbares en fait foi ; ils étaient d'ailleurs trop peu nombreux pour cela. C'est du Rhin à la Somme que les Franks s'éta-

---

(1) César. *Bell. Gall.* liv. VI, chap. II. Cette expression de *pagus* prit dans la littérature de l'empire le sens que nous donnons aujourd'hui au mot pays :

. . . . . tunicam mihi malo lupini,
Quam si me toto laudet vicinia pago.
Juvenal, s. XIV.

Nous dirions « dans tout le pays. »
Voy. encore Facciolati, *Dict.*, V° Pagus. — Ducange, *ibid.* et les auteurs qu'il cite.

(2) La Ferrière, *Hist. du droit français*, t. II, p. 28 et suiv.

blirent en plus grand nombre ; et dans tous ces pays leur conquête présente les caractères de violence propres aux invasions barbares. Là ils ne s'avancent que pied à pied ; le terrain leur est longtemps et chèrement disputé, aussi sont-ils avides des dépouilles de la civilisation romaine : tout est détruit, tout est mis au pillage. Mais lorsqu'ils ont passé la Somme, rien ne les arrête plus ; après la bataille de Soissons ils sont maîtres de tous les pays jusqu'à la Loire, ils s'y dispersent, ils s'y établissent (1). D'un autre côté, le contact avec Rome, en les mettant depuis longtemps à même d'apprécier son organisation politique, leur en avait fait subir l'ascendant. Ils n'arrivaient donc pas avec un parti pris formel de détruire rien de ce qu'elle avait créé, comme dans la première fougue de l'invasion ; ils ne voulaient que dominer à sa place, et, autant qu'ils le pourraient, dominer comme elle, par les mêmes moyens, et avec les mêmes formes. Laissant aux vaincus leur religion, leurs mœurs, leur culte, leur langue, ils se substituèrent à Rome en prenant pour eux les terres du fisc et des nobles gallo-romains qui leur avaient résisté, pour abandonner ensuite la culture de tout ce qui ne fut pas consacré à la chasse aux anciens colons gallo-romains. Mais, par suite de ce partage, le caractère du droit germanique demeura profondément imprimé au sol : chaque chef distribua à ses hommes les terres qui lui étaient échues, et dès lors commença la dispersion. Chaque village fut occupé par quelques soldats franks ; partout où se trouvait une villa romaine, un guerrier s'y établit. C'était le droit du vainqueur. Aussi les villages dont le nom indique une origine tudesque rappellent-ils ce résultat de la conquête. Nous pourrions citer comme exemple, aux environs d'Étampes, Richarville, *Rikardi villa*, Arnouville, *Arnolphi villa*, métairies romaines auxquelles leurs nouveaux maîtres imposèrent leurs noms (2).

L'exemple le plus intéressant pour nous, de cette manière dont s'effectua l'occupation franque, est celui d'une charmante

(1) Aug. Thierry, *Hist. de la conquête de l'Angleterre*, t. I, p. 62 et suivantes. Guizot, *Civilisation en France*, t. I, 8ᵉ leçon.
(2) Aug. Thierry, *Conquête de l'Angleterre*, p. 205 et suiv.

propriété située aux portes d'Étampes, et qui a conservé le nom de Brunehault.

Une tradition très-ancienne, fondée sur des faits, et confirmée par une découverte faite il y a deux siècles, nous apprend que la veuve de Sigebert avait, auprès du village de Morigny, une résidence qu'elle semblait affectionner. Elle avait choisi dans les propriétés de son fils une ancienne villa romaine d'une étendue assez considérable, d'après les ruines qui en existaient encore au commencement de ce siècle. Voici ce qu'écrivait Bazile Fleureau à ce sujet (1) : « On voit encore aujourd'huy, au bout de la plaine des Sablons, sur le bord des prés, des restes d'un vieil bâtiment et d'une tour, dite communément la Tour de Brunehault. Il est très-certain que cette dénomination vient de la reine Brunehault, ayeule des rois Théodebert et Théodoric. Et la tradition du païs porte que cette reine a possédé ce lieu-là, et s'y est beaucoup pleut à cause de son agréable situation. » C'était une de ces fermes immenses telles qu'en avaient les rois franks dans les différentes parties de leurs États, et où ils tenaient leur cour au milieu de leurs leudes et des nobles gallo-romains qui composaient leur truste royale. Ils les habitaient successivement, et venaient s'y livrer à leur goût effréné pour les plaisirs de la chasse et de la table, et dévorer en quelques jours, au milieu de festins où régnait la profusion barbare, les nombreuses provisions qui y étaient amassées depuis leur dernier séjour. Autour se groupaient les habitations des leudes et les cabanes des artisans qui suivaient partout le roi, et dont l'industrie était à chaque instant mise en réquisition pour les besoins de la cour. Ces résidences étaient ordinairement situées dans les vallées, à l'entrée ou dans le voisinage de vastes forêts où l'on chassait tout le jour les cerfs et les sangliers qui paraissaient ensuite rôtis, tout d'une pièce, dans ces festins homériques. La position de celle-ci, au milieu d'une prairie encore appelée *la Varenne*, sur les bords de la rivière de Juine, naguère encore renommée pour l'abondance de son poisson, au centre de forêts nombreuses qui se reliaient avec celles de Fon-

(1) *Antiq. d'Ét.*, p. 16.

tainebleau, de Dourdan et des Ivelines, remplissaient toutes les conditions recherchées par les rois mérowingiens. Au XIe siècle, il est déjà question de cette villa, alors en partie détruite, sous le nom de tour de Brunehault, dans un diplôme de Henri Ier, et en 1648, des ouvriers, en faisant quelques réparations à la chapelle de Saint-Julien, située près de là, découvrirent près du maître-autel un coffret de plomb, et à l'ouverture on trouva, dit Fleureau, la partie postérieure d'un crâne, un os de bras en trois pièces, une vertèbre et plusieurs poudres d'os, avec une pièce antique sur laquelle les mots suivants sont gravés : « Hic jacet caput sancti Juliani martiris, quod Se-
« verinus attulit de Antiochiâ civitate, temporibus Brunegildis
« reginæ ; » et au revers est écrit : « De ossibus S. Christo-
« phori ; brachium S. Gamalielis (1). »

Le pays d'Étampes fut, comme tous ceux environnants, le théâtre des guerres continuelles que se firent les successeurs de Hlother Ier, et passa successivement de l'un à l'autre. A quelle époque Brunehault fut-elle en possession de cette contrée ? c'est ce qu'il est facile de déterminer approximativement. Un diplôme de Louis le Débonnaire de 828, nous apprend que certains biens situés au canton d'Étampes, dont il fait donation au monastère de Saint-Maximien, avaient appartenu au roi Hilpérik. Dans le traité d'Andelot que nous avons déjà cité, nous remarquons cette phrase : « Similiter quià dominus Gunthram-
« nus, juxta pactionem, quam cum bonæ memoriæ domino Si-
« giberto inierat, integram portionem quæ est de regno Chari-
« berti, illis fuerat consecutus, sibi diceret in integrum redhi-
« beri. » Gunthramn prétend que d'après un traité fait avec son frère Sigebert de bonne mémoire, toute la portion qui lui était échue du royaume de Charibert devait lui être entièrement rendue ; c'est-à-dire, comme l'indique la suite dudit traité d'Andelot : « Illam portionem de Parisiensi civitate..., quæ
« ad dominum Sigibertum de regno Chariberti, conscriptâ pa-
« ctione pervenerat, cum Castellis-duno..., et quidquid de *pago*

---

(1) Fleureau, *Antiq. d'Et.*, p. 18. Ces reliques ont été longtemps en la possession de l'abbaye de Morigny.

« *Stampensi...* etc... (1) » Sigebert, et après lui Hildebert II, son fils, auraient donc possédé tous ces pays jusqu'en 587, époque où le traité d'Andelot les fit passer à Gunthramn. Ce serait donc à cette époque, pendant la période qui a suivie la mort de Haribert (2), et probablement l'expulsion de Hilpérik, que Brunehault aurait habité cette métairie et l'aurait enrichie de donations pieuses. Ou bien encore depuis 593, époque à laquelle la succession de Gunthramn échut à Hildebert II, en vertu du traité d'Andelot, jusqu'au moment ou Hlother II réunit tous ces héritages, en 613, après la mort des fils de Hildebert II.

A Étampes, nous ne trouvons rien de semblable à cet établissement de Brunehault. Il y a bien une tradition qui attribuerait à Hlodewig I la fondation d'une ancienne église de Saint-Martin dans le vieil Étampes ; « mais, observe Fleureau, je ne la vois appuyée d'aucun titre postérieur ni mémoire qui en fasse mention. » Cependant, c'est l'époque où le culte de Saint-Martin était très-répandu. Mais nous pouvons tirer de l'épisode que nous venons de raconter au sujet de Brunehault, un argument de plus en notre faveur, puisque, si le noyau d'une colonie nouvelle était descendu dans ces parages, cette circonstance qu'une ferme mérowingienne importante existait à une lieue de l'ancien Étampes, aurait dû, tout naturellement, fixer les nouveaux venus autour d'elle, comme cela arriva pour d'autres résidences royales.

Étampes possède un autre titre d'antiquité qui établit qu'à cette époque elle avait déjà une certaine importance, et ce nouveau fait confirme l'opinion que nous avons émise, qu'elle existait déjà à l'époque de la conquête franque.

M. de Saulcy a publié dans la *Revue de Numismatique* (3) un beau *triens* mérowingien, qui est la seule monnaie que l'on possède d'Étampes pendant cette période. D'un côté est frappée une tête d'un type correct et couronnée d'un bandeau avec le nom *DRUCTOMARUS*. Le revers porte une croix clichée

(1) Grég. Tur. Ap. D. Bouquet.
(2) Haribert est mort en 567.
(3) T. III, p. 272.

avec ces mots : *STAMPIS FITURC ;* elle est d'or fin, du poids de 24 grains.

Le type de la figure, la forme de la croix qui occupe le revers, permettent de fixer l'époque où cette monnaie fut frappée entre le commencement du vi⁰ siècle et le milieu du vii⁰. C'est, en effet, à partir du vi⁰ siècle que les rois franks commencèrent à frapper la monnaie à leur effigie. Jusque-là, ils s'étaient contentés de les frapper avec un coin figurant d'une manière grossière celui des monnaies romaines. Lorsqu'ils s'établirent dans les Gaules, le droit de battre monnaie y était encore le monopole des empereurs, et, soit indifférence, soit par un reste de respect pour la majesté impériale, ils ne s'emparèrent pas de ce privilége, comme ils l'avaient fait de tous ceux qui avaient appartenu aux anciens maîtres auxquels ils se substituaient. C'est ainsi que, dans le Midi, il fallut une concession en règle pour que Hlother I pût exercer ce droit dans la ville d'Arles. Il existe grand nombre de pièces d'or au nom de Justinien, d'un type très-grossier, que l'on peut considérer comme les premières frappées par les chefs barbares.

Les fils de Hlodewig ressaisirent le privilége de donner leur nom aux monnaies, et la fabrication s'en améliora sensiblement pendant quelque temps. L'effigie royale, la croix ancrée ou clichée, remplacèrent la Victoire ailée, et la croix haussée sur des degrés ou sur le globe, des monnaies romaines. Cependant, le nom du roi se voit rarement sur celles que nous possédons ; il est beaucoup plus fréquent d'y trouver le nom du monétaire, accompagné de celui de la ville où la pièce fut frappée.

Cette circonstance particulière aux monnaies mérowingiennes, donne lieu à une difficulté qui a divisé les numismatistes, et qui n'est pas encore bien résolue. Nous ne prétendons point apporter de nouveaux éléments à la discussion, mais comme la question de savoir quelle était l'importance de l'office du monétaire, sous la première race, a trait direct à celle qui nous occupe, et nous fournit un nouveau moyen de déterminer quel pouvait être le degré d'importance d'Étampes à la même époque, nous allons sommairement exposer les pièces du procès.

Selon quelques numismatistes, il ne faut voir dans les monétaires mérowingiens que des officiers subalternes dont le nom ne paraît sur les monnaies que pour la garantie du titre de la pièce, et non par honneur.

Voici comment s'exprime à ce sujet, M. Lecointre Dupont (1) : « Il y avait dans les Gaules, dès le milieu du Ve siècle, une monnaie particulière qui portait le nom des villes où elle était frappée. Clovis, en s'emparant des Gaules, trouva ce monnayage en activité ; n'ayant point à lui substituer un autre système propre à sa nation, plus occupé d'ailleurs de guerres et de conquêtes que d'administration, il le laissa se continuer et se généraliser, et même je pense, tomber dans le domaine de l'industrie privée. Quiconque eut de l'or pur put, de son chef, le faire convertir en monnaie. Seulement, l'ouvrier dut mettre son nom et celui de sa résidence sur les pièces qu'il frappait, comme garantie de son ouvrage. De là cette variété incalculable de noms de monétaires que nous offrent les tiers de sous mérowingiens. »

Cette explication assez ingénieuse, qui semble devoir satisfaire au premier abord, est vivement combattue par d'autres savants, à la tête desquels se place M. de Saulcy. Selon l'illustre académicien, « la charge de monétaire, loin d'être obscure et sans renom, devait être une dignité fort prisée, et peut-être même accordée comme récompense de services éminents. Les communications étaient peu fréquentes, surtout peu commodes sous les premiers Mérowingiens. Par suite il fallait de nombreux hôtels monétaires pour faciliter les transactions de tout genre. Le prince ne pouvant répondre par lui-même de la bonté des monnaies frappées loin de lui, et sur lesquelles pourtant il exigeait que l'on plaçât son effigie, devait dans chaque province confier à des hommes connus le soin de diriger leur fabrication. Ceci amène naturellement à penser que les monnaies à légendes nominales sont celles qui se frappaient dans la résidence même du roi, et dont la loyauté était garantie par la présence de son nom (2). »

(1) *Revue de numismat.*, 1841. — *Essai sur les monnaies frappées à Poitiers*, etc., chap. II.
(2) *Revue de numismat.*, t. I, p. 93.

Peut-être ces opinions, si diamétralement opposées, sont-elles également fondées et doivent-elles être admises à la fois dans de certaines limites, sans les accepter d'une manière aussi absolue qu'elles viennent d'être formulées. Il est possible que, suivant les temps et les lieux, elles puissent se justifier par des exemples isolés qui, à eux seuls, et, quelque décisifs qu'ils semblent, ne peuvent servir de base à un système absolument vrai. Prétendre déterminer avec la précision d'attribution de notre époque les fonctions des différents officiers de la cour des Mérowingiens et les grandes dignités civiles et militaires de cette époque, est, nous le croyons, illusoire, et ne peut manquer de conduire à de nombreuses erreurs. L'admirable régularité administrative des Romains n'avait dû laisser que des principes bien vagues et des délimitations bien flottantes dans les pouvoirs chez des peuples inhabiles à les comprendre. La reconstitution en fut longue à opérer, puisqu'elle ne s'est à peu près terminée que de nos jours. Il faut bien admettre la confusion là où elle existait, et, quoique cette idée répugne de prime-abord à nos principes sur la hiérarchie et la régularité administrative, il faut bien, quand nous étudions de semblables matières, tenir compte de ce qu'il y avait d'incertain dans un temps où le droit trouvait tant de peine à s'établir au milieu des désordres et de la violence.

Car, s'il put arriver quelquefois que certaines villes aient fait frapper leur monnaie pour leur propre compte et par des ouvriers municipaux, il est aussi à peu près hors de doute que les préposés à l'administration des *pagi* battaient monnaie dans les chefs-lieux de leurs gouvernements respectifs. Ces circonscriptions territoriales, basées sur la conquête, n'avaient aucun rapport administratif avec celles des anciennes provinces romaines, ou de la hiérarchie ecclésiastique, pas plus qu'avec d'autres divisions d'un ordre inférieur, touchant à l'administration du domaine privé des rois franks ou du clergé (1). Il y avait entre elles toutes un enchevêtrement difficile à débrouiller. Certaines localités, à cause de leur importance et de leur situa-

---

(1) Guérard, *Polyp. d'Irminon*, t. 1.

tion, avaient le privilége d'être le siége de ces diverses administrations. Mais c'était le seul lien qui existât entre elles. Les comtés, dizaines, centaines de l'époque mérowingienne, d'origine toute germanique, se rattachaient à des coutumes militaires ; les comtes, centainiers, dizainiers, embrassaient dans leurs attributions toutes les branches de l'administration civile et militaire sans que leurs rapports avec les populations fussent bien déterminés. Ils avaient surtout pour mission de lever les tributs, et il arrivait très-souvent que, comme le fait très-bien observer un autre numismate distingué, M. Cartier, « dans les grandes villes et les places fortes, capitales des provinces ou des *pagi*, les comtes faisaient convertir en monnaie les tributs levés au nom des rois. Pour la responsabilité de cette opération, ou par une autorisation spéciale accordée à titre d'honneur ou de récompense ils mettaient leurs noms sur ces pièces, soit comme chefs du pays, soit comme directeurs du monnayage royal (1). »

Enfin, il est bien certain, d'un autre côté, que les rois franks emmenaient aussi à leur suite leurs monétaires, dont les ateliers se transportaient partout où ils allaient, comme ceux de tous les autres ouvriers qu'ils employaient. La monnaie portait alors le nom du roi, et c'est ce qui explique que les pièces ainsi frappées portent l'indication d'autant de localités différentes, et si peu connues aujourd'hui ; sinon il faudrait supposer que dans toutes ces localités il y avait des officines où l'on frappait la monnaie spécialement au nom du roi, ce qui ne peut guère être admis, puisque l'on a des pièces de ces mêmes villes au nom de divers monétaires. La grossièreté des procédés employés devait faire souvent de cette fabrication une branche de l'orfévrerie ; l'artiste qui accompagnait le roi était aussi chargé de fabriquer sa monnaie, en même temps que les bijoux et les joyaux dont il avait besoin. C'est ainsi que saint Éloi, orfévre de Dagobert I, fut aussi l'un de ses monétaires.

Quoi qu'il en soit de toutes ces données, la conclusion que nous avons à en tirer ne peut être que favorable à notre thèse.

(1) *Revue de numismat.*, t. I.

Si, d'après l'une des opinions émises, l'office de monétaire était obscur et abandonné à l'industrie privée, il fallait qu'Étampes eût un certain développement pour posséder sa monnaie locale, peut-être dès le milieu du ve siècle. Ce privilége, elle l'aurait acquis ou usurpé dans ces temps de désordre qui accompagnèrent la dislocation de l'empire et l'arrivée des Franks. Un village du dernier rang, un pauvre hameau, ne l'aurait pu faire. Il faut alors supposer qu'elle était le centre de transactions commerciales assez étendues pour y nécessiter la fabrication de la monnaie qui devait les faciliter, ce qui s'accorderait avec l'état de prospérité de la Beauce sous les Romains, prospérité qui diminua bien par la suite après eux; en effet, les relations d'une localité à l'autre étant très-limitées et les communications devenant plus difficiles, les échanges se faisaient au centre même du pays, dans l'endroit qui en était le chef-lieu, et dont le marché servait de débouché aux produits des environs (1). De plus, l'exécution, relativement très-remarquable du *triens* en question, atteste une habileté que l'on ne peut s'attendre à trouver chez un artiste vulgaire et peu occupé. Or, la fabrication de ce *triens* pouvant se placer à l'époque du traité d'Andelot, terme moyen dans l'espace de temps auquel nous avons dit qu'il pouvait se rattacher (du commencement du vi^e au milieu du viie siècle), l'existence, ne fût-ce même que d'un humble village, alors qu'à part les grands centres commerciaux et administratifs fondés par les Romains, il n'y avait guère en Gaule que des villages, se trouve de nouveau bien établie, et ce village, donnant son nom à un *pagus* dont il était le chef-lieu, avait, par cette raison même, et sans qu'il fût pour cela le plus peuplé, sur tous ceux de son ressort une supériorité bien marquée. En outre, le nom de forme essentiellement gauloise du monétaire *Dructomarus* atteste la présence dans ce village d'un élément gaulois préexistant à la conquête franque.

Si, au contraire, nous adoptons l'autre opinion, et c'est celle vers laquelle nous penchons, en proclamant toutefois qu'elle ne

---

(1) Telle a été de tout temps l'importance commerciale d'Étampes : le commerce des grains et autres produits agricoles des environs. Les principales franchises qu'elle obtint au xiie siècle y ont rapport.

peut avoir rien d'absolu, et sous le bénéfice d'ailleurs des observations que nous avons faites plus haut, nous arrivons à cette conclusion toute simple, mais décisive, que le monétaire Druclomarus étant un personnage de distinction, un *graf* ou *comes* gallo-frank, le gouvernement qui lui était confié devait être en rapport avec sa qualité personnelle. Il n'y a rien d'impossible en effet à ce que tel fût le titre de l'officier chargé de l'administration du *pagus Stampensis*, car il ne faut pas oublier que le nom de *comitatus*, indiquant une division territoriale administrative et militaire, ne parut que sous les Carolingiens, époque à laquelle il remplace celui de *pagus* qui n'a plus dès lors qu'une signification indéterminée. Nous trouvons, sous Louis le Débonnaire, un diplôme où la qualification de *comitatus* est appliquée à Étampes. Nous ne pourrions tirer aucun argument de cet indice seul, sachant combien ces divisions étaient variables ; mais comme le *comitatus* a remplacé le *pagus*, et que le *comes* ou *graf* fut à l'une et à l'autre époque le chef revêtu des mêmes fonctions dans ces deux sortes de circonscriptions, il n'est pas téméraire de croire que le nom *Druclomarus* était celui d'un *comes* chargé de l'administration du *pagus Stampensis*, dans un temps où les Neustriens, en lutte avec les rois d'Austrasie, commençaient à opposer le principe gallo-romain à l'invasion de l'esprit tudesque.

D'ailleurs, à ces dernières raisons viennent encore s'ajouter celles que nous avons données plus haut, attendu que, d'abord, pour qu'il y eût une monnaie à Étampes, il fallait que le besoin s'en fût fait sentir, et, qu'en second lieu, l'existence de cette monnaie locale dont on commence à observer des traces au ve siècle, c'est-à-dire bien avant l'invasion franque, suffirait, à elle seule, pour conduire à cette conséquence, qu'Étampes existait déjà avant cette invasion, puisque quelques années après nous trouvons un échantillon d'une monnaie que l'on y frappait peut-être depuis plus d'un siècle.

Il semble en effet que le droit de battre monnaie ait été un privilége accordé à certaines villes à une époque très-ancienne, et qu'Étampes ait été longtemps en possession de ce privilége, puisque outre le triens dont nous parlons, nous avons encore une monnaie de Charles le Gros (884-887) et d'autres pièces de Philippe I et de Louis VI, de sorte que cette ville a conservé un souvenir de chacune des dynasties qui se sont succédé en France. Le savant Lelewel croit que la monnaie d'Étampes eut longtemps pour signe particulier le monogramme du roi Odes. Un diplôme de Louis VII, de l'an 1137, confirme cette hypothèse. Le roi y promet formellement aux habitants d'Étampes de ne plus altérer à l'avenir la monnaie ayant cours chez eux (1); et le P. Fleureau rapporte que Boutroüe, conseiller en la cour des monnaies, bien connu pour ses savantes recherches sur la matière, possédait quelques échantillons de celles dont nous parlons. Enfin ces deux vers, relevés par Du Cange dans le roman d'*Aubery le Bourguignon:*

> « Ervis son frère maintint mult bien ses drois,
> Qu'il n'en perdi vaillant un Étampois. »

indique que cette monnaie portait, à une certaine époque, le nom de la ville elle-même (2).

Toutes les conséquences tirées de l'un ou de l'autre des systèmes que nous avons exposés tout à l'heure peuvent, au surplus, se combiner pour concourir au même but, et nous croyons avoir maintenant suffisamment établi par ce fait que les Franks n'ont fait que se substituer aux propriétaires gallo-romains, sans créer de nouveaux centres de population d'une part, et de l'autre par les considérations tirées de la découverte d'un *triens* mérowingien frappé à Étampes, que cette ville existait à l'époque de la conquête franque, non pas avec le développement qu'elle n'acquit que bien plus tard, mais à l'état de simple bourgade ayant sur les villages des environs une prépondérance qu'elle devait à sa position (3).

Il nous reste à examiner ce qu'était Étampes sous les Romains.

---

(1) « Ludovicus..... concessimus, quod præsentem Stamparum monetam, « quæ ibi à patris nostri decessu habebatur, nos omnibus diebus vitæ nostræ, « neque mutabimus, neque lege, neque pondere alleviabimus, etc... » Voy. Fleureau, *loc. cit.*, p 103.

(2) Du Cange. V° *Moneta Baronum-Stampenses.*

(3) Nous ne rapportons pas ici une opinion d'après laquelle les collecteurs des impôts en tournée s'arrêtaient toutes les fois qu'ils avaient recueilli une quantité d'or suffisante pour la convertir en monnaie. Ce ne pouvait être toutefois que dans quelques localités déterminées où l'on devait trouver tout

§ II.

Dans cette seconde partie de notre travail, nous commencerons par démontrer, comme nous l'avons fait dans la précédente, à l'aide de faits aujourd'hui tenus pour constants, que non-seulement Étampes n'a pu devoir son origine aux Romains, mais qu'elle ne leur doit même pas un de ces établissements politiques ou militaires qui sont devenus, pour bien des localités, le principe d'un accroissement notable, et ont décidé de leurs destinées. Nous n'allons toutefois pas jusqu'à prétendre qu'Étampes resta entièrement étrangère à la domination romaine, ce serait une thèse impossible à défendre, et nous faisons nos réserves pour discuter ce point en son lieu.

Quant à présent, pour soutenir ce qui fait l'objet principal de notre proposition, jetons un coup d'œil sur les moyens employés par la politique romaine pour assurer la durée de ses conquêtes. Nous verrons par là quels purent et durent être les rapports immédiats de Rome avec notre ville, et comment son influence dut s'y faire sentir. Nous appuierons ensuite les conséquences que nous en tirerons sur des faits particuliers à notre sujet et sur les arguments qu'ils nous fournissent.

Les Romains fondèrent très-peu de colonies proprement dites dans les Gaules. La première colonie hors de l'Italie fut Carthage (1), la seconde Narbonne; encore, lorsque Cassius proposa la fondation de cette dernière, cette idée si nouvelle ne fut-elle admise qu'après quelques difficultés. On ne compte que deux colonies en Lyonnaise et deux en Aquitaine; toutes les autres sont dans la Belgique, c'est-à-dire sur les frontières les plus exposées, et dans la Narbonnaise, qui servit de base à

---

l'attirail nécessaire au monnayage. (Voy. *Manuel de numismat.* Encyc. Roret.)

M. Fillon pense que les Franks ayant trouvé le sol divisé en plusieurs catégories de propriétés, les terres du fisc, qui devinrent celles du domaine royal, et les terres municipales qui conservèrent ce caractère, les monnaies portant le nom du roi ont été frappées dans les propriétés royales, et celles qui portent le nom de la ville l'ont été dans les municipalités. Cela est vrai relativement, mais il ne faut pas oublier que, jusqu'aux plus petites localités, tout était soumis au régime municipal. (Voy. plus bas, p. 33).
Considérat. hist. et artist. sur les monnaies de France.

(1) Carthage avait été détruite de fond en comble. Une nouvelle ville fut fondée près de la sous le nom de *Junonia*, par C. Gracchus, qui y conduisit 6,000 Romains.

tous leurs succès dans la Gaule (1). Leur système de conquête est l'explication de ce fait.

Rome avait adopté, à l'égard des peuples vaincus, une politique habile à laquelle elle a dû la domination du monde. Elle ne détruisait jamais rien ; « on vainquait un peuple et on se contentait de l'affaiblir (2). » Pour cela, que fallait-il ? entretenir des soldats sur le sol, en les y attachant. Tel est le but des colonies qui se substituaient à une partie de la population transférée ailleurs (3). On choisissait dans le territoire de chaque peuple gaulois un village qui devenait le centre de l'administration civile et militaire, et se transformait en capitale. Dans le principe, et surtout au temps des troubles occasionnés par les lois agraires, les colons étaient des citoyens pauvres qui se trouvaient heureux d'échanger les droits précaires dont ils jouissaient à Rome contre quelques arpents de terre dans les provinces. Plus tard, Sylla, et les dictateurs qui vinrent après lui, répandirent leurs soldats dans une foule de villes dont ils leur distribuaient le territoire : ce furent les colonies militaires.

Sous l'empire, lorsque le titre de citoyen eut perdu presque toute sa valeur, au moins politique, on ne vit plus que des colonies militaires ; mais elles n'avaient déjà plus leur ancien caractère. On peut dès lors les diviser ainsi :

1° Celles qui avaient pour objet des établissements d'eaux thermales ou médicinales, comme *Aquæ Tarbelicæ*, Tarbes, *Aquæ Calidæ*, Vichy, et tant d'autres.

2° Les campements, *castra* (4). Les légions commises à la garde des frontières avaient l'habitude de loger dans des camps retranchés ; les habitations des paysans les entouraient quel-

---

(1) Onuphrius Panvinius Imper. Rom. dans *les antiquités* de Grævius, t. II, p. 428.

(2) Montesquieu, *Grand. des Romains*, chap. vi.

(3) La création d'une colonie avait bien tout l'air d'une fondation de ville ; c'en était en effet un renouvellement. La colonie y était conduite militairement ; l'enceinte de la nouvelle ville était tracée par la charrue, et les nouveaux habitants en prenaient possession après les cérémonies destinées à appeler la protection des dieux. Vid. Adam, *Antiq. rom.*, p. 115 et suiv., et Henri Martin, *Hist. de France*, t. II, p. 140.

(4) Pour tous ces détails, voy. Bergier, *Grands chemins de l'Emp. rom.*, liv. IV, chap. vi.

quefois, et par la suite plusieurs villes se sont élevées sur leurs ruines et en ont conservé le nom(1).

3° Les *castella*. C'étaient des retranchements moins étendus, mais beaucoup mieux fortifiés.

4° Enfin, il y avait les *villœ*, les *mansiones*, fermes et habitations de plaisance dont on rencontre le nom ainsi que celui de *vicus*, village, de *pagus*, de *vallus*, soit seul, soit ajouté à un nom gaulois, à un nom de propriétaire, à celui d'un empereur ou d'une légion; mais, nulle part, il n'y avait là de fondation romaine, et tous les établissements de cette catégorie étaient formés dans des villages ou des hameaux celtiques.

Les Romains ne firent, presque partout, que changer les noms; c'est ce qui arriva à une foule de villes, comme *Augustodunum*, Autun, avant *Bibracte*; *Aureliani*, Orléans, avant *Genabum*, etc. Vers le III° siècle de l'ère chrétienne, les géographes et les historiens commencèrent à donner le nom des peuples mêmes aux villes qui en étaient les capitales. Il paraît que c'est Ammien Marcellin qui, le premier, prit cette habitude. C'est ainsi que l'on donna le nom de *Remi*, ou même *civitas Remi*, à *Durocortorum* Reims, de *Senones* à *Agendicum*, Sens, de *Carnutes* à *Autricum*, Chartres, etc. Et les auteurs ecclésiastiques qui ont depuis écrit sur les différents peuples de la Gaule, suivirent cette manière et firent ainsi disparaître le nom national d'un très-grand nombre de localités(2). L'établissement des Romains y effectuait comme une seconde fondation en leur faisant prendre place dans l'histoire, et les conquérants étant les seuls qui eussent à s'en occuper, comme administrateurs ou historiens (3), ils préféraient tout naturellement les désigner dans leur langue, et, souvent, à défaut d'autre nom, ils l'indiquaient en se servant simplement du mot qui désignait l'espèce d'établissement qu'ils

---

(1) Les empereurs confiaient rarement aux légions indigènes la garde de leur patrie, les soldats étaient transplantés d'une extrémité de l'empire à l'autre. C'est ainsi que du camp des Sarmates étaient établis à Sermaises en Gatinais, et à Sermaises sous Dourdan.

(2) Bergier, *loc. cit.*, liv. II, chap. xxv, et liv. IV, chap. vi.

(3) Ce qui s'applique également aux écrivains indigènes pour la plupart ecclésiastiques, et pour qui la langue latine était la seule dans laquelle ils pussent se permettre d'écrire.

y avaient, avec ou sans qualification. On pourrait citer *Castra*, Châtres, depuis Arpajon, *Castra*, Castres, *Castellodunum*, Châteaudun, et tant d'autres noms terminés en *ville, villiers, val, court, celle*, etc.

Il ne faudrait donc pas prendre pour des villes essentiellement romaines toutes celles dans le nom desquelles entre, soit le mot de *Castrum*, soit celui de *Castellum*, ou tout autre analogue. Car, outre qu'un grand nombre de ces villes existaient avant les Romains, ainsi que nous venons de le dire, il y en eut aussi quelques-unes qui ne furent fondées que bien plus tard et ne prirent ce nom, ainsi formé, que postérieurement. C'est précisément ce qui arriva à Étampes elle-même, dont il est fait mention au moyen âge sous le nom de *Castellum Stampis*, notamment sur des pièces de monnaie de Philippe I et de Louis VI ou Louis VII, dont nous avons déjà parlé (1). Cette qualification s'applique non pas à l'ancienne ville, mais à un château bâti à quelque distance de l'ancien Étampes, selon toute apparence par le roi Robert le Pieux, dans un endroit où s'éleva Étampes le Châtel.

Mais dans le vieil Étampes, celui dont nous recherchons ici l'origine, et qui ne forme plus aujourd'hui que le faubourg de Saint-Martin d'Étampes (2), il n'est nulle trace de *Castrum* ou de *Castellum*, on ne trouve aucun vestige de campement, de fondation militaire de cette époque. Tous les documents que nous avons consultés avec soin, les *Notitiæ*, la carte Théodosienne et l'itinéraire d'Antonin (3), sont muets à cet égard. Que dans ce dernier document il ne soit pas question d'Étampes, cela n'est pas étonnant et ne prouve rien contre son existence au temps dont nous parlons. Cet ouvrage avait un autre but. Il contient, ainsi que la table Théodosienne ou de Peutinger, le tracé des principales routes de l'empire, et les suit à travers les cités, bourgades, villages, gîtes et postes militaires, indi-

---

(1) Leblanc, *Traité des monnaies*, p. 155 et suiv.; et Lelewel, *Numis. du moyen âge*.
(2) Plus bas, p. 54.
(3) Il est difficile d'attribuer cet ouvrage, tel que nous l'avons, au prince dont il porte le nom, car on y trouve plusieurs endroits qui ne furent connus que sous ses successeurs.

quant la distance d'un lieu à l'autre, marquée par des milliaires, stades ou lieues gauloises, selon les pays, à peu près comme nos livres de poste (1). Or, une voie partant de Nevers arrive, après plusieurs stations, à *Genabum* qui, ainsi que cela est bien établi aujourd'hui, est Orléans et non pas Gien (2). De *Genabum* elle se dirige à *Salioclita*, et de cette station à Lutèce. L'itinéraire compte 24,000 pas (M. P. XXIV) de *Genabum* à *Salioclita*, et autant de cette dernière à *Lutecia*. Nous n'entrerons pas dans l'examen des mesures de distance : d'Anville a suffisamment approfondi la question (3); ces distances correspondent exactement, d'après ses calculs, à celles qui séparent Orléans du village de Saclas, à deux lieues d'Étampes, et Saclas de Paris.

Nous avons à dire ici quelques mots sur une erreur assez répandue chez les écrivains du siècle dernier, et encore reproduite aujourd'hui, qui consiste à faire de l'ancienne *Salioclita* la ville même d'Étampes (4). La question est aujourd'hui jugée, et c'est encore d'Anville que nous citerons (5). « L'itinéraire d'Antonin indique ce lieu (*Salioclita*), sur la route de *Genabum* ou Orléans à Lutèce..... On ne saurait douter que ce ne soit Saclas, qui est précisément sur la direction de la voie dont la trace entre Orléans et Saclas subsiste en quelques endroits. L'altération des anciennes dénominations, dont l'effet ordinaire a été de les abréger, a fait dire *Salclita* au lieu de *Salioclita*; et il est mention de Saclas à peu près sous cette forme dans un diplôme de Dagobert I (6) « Villæ Sarclitæ, super fluvium » Joinæ (la Juine), in pago Stampensi, » ce qui désigne indubitablement Saclas. » L'existence distincte de Saclas et d'Étampes se trouve ainsi constatée à la même époque. Nous

---

(1) Bergier, *loc. cit.*, liv. IV, chap. v, et Malte-Brun, *Géograph. univer.*, liv. XIV, t. 1. *Recueil des Histoires de France* de D. Bouquet, t. I.
(2) D'Anville, *Descript. de l'anc. Gaule.* V[is] *Genabum* et *Salioclita.* — Guérard, *Polypt. d'Irminon*, t. I.
(3) D'Anville, *loc. cit.*
(4) Adrien de Valois. — De Fortia d'Urban, *Recueil des Itin. anc.*
(5) D'Anville, *loc. cit.*
(6) C'est un diplôme de 635 par lequel Dagobert fait donation à l'abbaye de Saint-Denis du domaine de Saclas. — *Bréquigny*, t. II, p. 21.

citerons encore un autre diplôme de 637 du même roi Dagobert, où ce nom se trouve écrit *Saclitæ* (1).

Mais ce fait que l'itinéraire mentionne *Salioclita*, sans parler d'Étampes, ne pourrait-il pas servir à prouver indirectement que cette dernière n'existait pas encore à cette époque? Ce point ne peut nous arrêter. L'itinéraire est loin d'indiquer toutes les localités existant dans les Gaules; c'est un document très-précieux, sans doute, pour tous ceux qu'il énumère, mais dont le silence ne préjuge rien quant aux autres. On ne peut avoir la prétention de limiter le nombre des lieux habités dans les Gaules à ceux dont l'itinéraire donne la nomenclature. De plus, outre que la mention qu'il fait de Saclas n'implique nullement que ce fut un village de quelque importance, il est beaucoup de localités, connues d'ailleurs bien antérieurement, et même plus considérables, dont il ne fait aucune mention. En effet, nous l'avons dit, ce n'était qu'une liste des endroits où se trouvaient des postes militaires, des étapes et des relais; on avait égard pour l'établissement de ces postes, non pas à l'importance de la localité, mais surtout aux moyens de communication, aux distances et à tant d'autres considérations stratégiques qui font choisir tel lieu plutôt que tel autre, sans s'inquiéter de leur importance respective. Ce fait est donc sans conséquence et laisse la question entière.

Les vestiges de l'ancienne voie romaine que d'Anville nous signale se reconnaissent encore parfaitement aujourd'hui dans diverses parties du parcours. Sur la section de Saclas à Etampes, la route actuelle en suit presque continuellement le tracé. En sortant de Saclas, on distingue encore les restes de cette voie le long de la côte qui domine le village. De larges et épaisses pierres de taille forment encore la chaussée, et des débris de milliaires y ont été retrouvés en différents endroits. Au delà de Saclas, vers Orléans, on voit aussi des restes très-reconnaissables de cette voie portant le nom de Vieux Chemin, et elle a été relevée sur la grande carte de la France dressée par les soins du ministère de la guerre (2). Bergier, qui a fait des recher-

(1) Bréquigny, t. II, p. 52.
(2) V. les cartes n° 65 et 80.

ches très-profondes sur cette matière, nous apprend qu'elle fut construite par Agrippa, le gendre d'Auguste (1).

Elle se bifurquait peut-être à Étampes, et se dirigeait d'un côté sur Paris, et de l'autre sur Chartres, en suivant la vallée de Chalô-Saint-Mard; toutefois, cette hypothèse est peu probable, car les débris d'un chemin conduisant d'*Agendicum*, Sens, à *Autricum*, Chartres, se découvrent dans divers terroirs du Gâtinais et de la Beauce, notamment au sud d'Étampes, à Emerville, près de Sermaises, et près de Gouillon et Léouville (2), tandis qu'une autre voie allait de Châteaudun, et sans doute de Blois, à Saclas, en passant par Cormainville, Bazoches les Hautes et Allaines (3), où des traces en ont été constatées. La route d'Orléans à Chartres se détachait de celle d'Orléans à Saclas, peut-être à l'intersection de celle-ci avec celle de Sens à Chartres, et n'en formait qu'une avec elle depuis cet endroit (4).

Étampes se trouvait ainsi traversée par la voie venant d'Orléans et qui, de là, se dirigeait vers Paris, en passant par Châtres, depuis Arpajon, où se trouvait un poste romain. A une lieue de la ville environ, se trouvait la métairie de Brunehault dont nous avons déjà parlé, et dont l'origine se place très-probablement à cette époque. « Il y a deux conjectures qui peuvent « faire croire qu'elle a été bastie par les Romains. La première, « la façon de la structure de ce qui reste encore aujourd'hui, la « seconde, quantité de monnaies des anciens empereurs romains, « que l'on trouva il y a peu d'années, en fouillant dans ces rui- « nes (5). » Des monnaies d'or marquées au coin des empereurs Gordien, Dioclétien, Constance Chlore, quelques débris de poterie et de terres cuites, un petit Mercure en bronze, et une statue en pierre de Priape de deux pieds de hauteur, découverts il y a plusieurs années, ne permettent pas de douter qu'il n'y

(1) Bergier, *loc. cit.*, t. I, p. 111. C'était la grande voie partant de Lyon et aboutissant à *Gesoriacum*, Boulogne-sur-mer. Voy. Henri Martin, *Hist. de France*, t. I.
(2) Sermaises, canton de Malesherbes, Loiret. Gouillon et Léouville, arrondissement de Chartres.
(3) Même arrondissement.
(4) Voy. *Revue de numism.*, t. I, p. 384, une dissertation de M. Vergnaud Romagnési. — De Caylus, *Recueil d'Antiq.*, t. IV, p. 378 et suiv.
(5) Fleureau, *loc. cit.*, p. 16, chap. ix.

ait eu là une habitation romaine. Quelques débris de fondations, recouverts par la terre, sont aujourd'hui tout ce qu'il en reste. La tour a disparu avec les autres dépendances qui subsistaient encore au commencement du siècle, pour faire place à un parc élégant, où l'on regrette de ne pas trouver ces vieux débris, dont l'aspect aurait, sans doute, donné un attrait de plus à cette propriété (1).

C'est donc à la ferme de Brunehault qu'il faut aller chercher les souvenirs de l'époque romaine. La vaste étendue des domaines, *fundus*, *prœdia*, des riches Romains dans les provinces, ces immences *latifundia* qui s'étendaient sur plusieurs lieues de territoire, autorisent à penser que toutes cette contrée appartenait à un seul propriétaire et dépendait de la même *villa*. Ces sortes d'établissements étaient considérables, et formaient comme le centre d'exploitations comprenant d'autres petites métairies de moindre valeur. On choisissait, pour les installer, les endroits les plus fertiles et les sites les plus pittoresques, les cantons qui pouvaient réunir tous les plaisirs des champs. Ils se composaient ordinairement de trois parties: la *Villa urbana*, ou maison de maître, la *Villa rustica*, ou bâtiments d'exploitation et logements des esclaves rangés auprès d'une tour, et la *Villa fructuaria*, les greniers, celliers, granges; en dehors se trouvaient les étables, les écuries, le four et le moulin. C'était là que se retiraient les officiers des armées romaines, les patriciens, les magistrats, souvent aussi les nobles gaulois, si vite familiarisés avec la civilisation romaine. Peut-être le *Dructomarus* dont nous retrouvons le nom au VIᵉ siècle sur une pièce de monnaie franque était-il, car toutes les hypothèses sont ouvertes à son égard, le descendant d'un noble gaulois, d'un chef influent du petit canton d'Étampes, qui, pour prix de ses services, reçut ce territoire des Romains.

Ainsi, la certitude qu'il a existé dans cet endroit un établissement romain, infirme d'autant la conjecture qu'il aurait pu y en avoir un dans le village de *Stampœ*, et ceux qui purent s'y fixer ne durent être que des tenanciers, vétérans ou colons.

(1) Voy. le *Jardiniste moderne*, par M. le vicomte de Viart, propriétaire du château de Brunehaut.

Le sol conquis appartenait au peuple romain ; mais les possesseurs, patriciens et soldats, trouvaient bien vite moyen de faire dériver cette propriété entre leurs mains. Toutefois, les familles indigènes conservaient aussi, à titre précaire, une portion de leur territoire, en vertu des traités ou *leges municipales*, espèces de chartes qui réglaient les conditions de leur soumission, et leurs rapports avec les conquérants. Là ne s'arrêtait pas la vigilance que Rome exerçait sur ses nouveaux sujets. Avec cette merveilleuse puissance d'organisation qui est une de ses gloires les plus durables, elle avait établi jusque dans les moindres villages, un système d'administration dont notre régime municipal peut donner une idée. Nous empruntons ici quelques lignes à un savant allemand dont les profondes recherches ont élucidé ces difficiles questions. « Quand la Gaule transalpine passa sous la domination romaine, dit M. de Savigny (1), elle se composait de districts indépendants (*civitates*), dont plusieurs comprenaient un grand nombre de villes, et tous étaient soumis à un régime aristocratique fortement constitué. Le souvenir de leurs noms et de leurs limites se conserva longtemps, peut-être même leur existence politique ne fut-elle pas tout à coup anéantie par les Romains. Mais quand l'institution des décurions, parvenue à son entier développement, s'étendit à tout l'empire, on peut à peine concevoir que cette organisation se soit encore conservée.

« En effet, il aurait fallu que dans chaque *civitas*, la capitale, ayant seule un sénat et des décurions, gouvernât les autres villes ; ou que, le sénat des capitales, supérieur aux curies des villes, fût autrement constitué. La première de ces hypothèses est formellement contredite par le témoignage de Salvien, qui, au Ve siècle, donne des décurions aux plus petites localités (2), et par le testament de Widrad, qui nous montre une constitution municipale existant du temps des Franks dans un simple *castrum* (3). Le Code Théodosien tout entier dépose contre la

---

(1) De Savigny, *Hist. du droit rom. au moyen âge*, trad. Guenoux, t. I, chap. II, § 19.
(2) Salvien, *De gubernatione Dei*, liv. V, chap IV.
(3) C'est Semur, *in Sinemuro castro*. Il fallait un certain nombre de té-

seconde hypothèse. En effet, dans les nombreuses constitutions que ce Code renferme sur les décurions, ceux des Gaules en particulier, il les considère toujours comme égaux. Or, s'il eût existé une pareille inégalité entre les décurions, le Code Théodosien n'aurait pu en parler sans la faire ressortir. Probablement l'ancienne noblesse gauloise se conserva surtout dans les curies capitales ; et de fait, ces dernières peuvent avoir eu, jusque dans les temps postérieurs, une considération supérieure à celle des autres curies. Mais il n'y avait aucune différence légale entre leurs constitutions ; partout la même dépendance du lieutenant de la province, partout les mêmes priviléges, le même genre d'administration. »

En examinant attentivement l'ancienne coutume d'Étampes, peut-être y trouverait-on quelques souvenirs de l'époque gauloise, dont M. Laferrière a signalé tant de vestiges dans notre droit coutumier (1). Mais si l'élément romain avait eu, dans le principe, quelque influence, la population d'Étampes-les-Vieilles se le serait rappelé, à l'époque de l'affranchissement communal, pour demander quelques avantages, au lieu de laisser attribuer à son détriment toutes les franchises à la nouvelle ville.

Tels furent donc les rapports d'Étampes avec Rome, rapports de conquête et d'organisation administrative. Mais ils ne vont pas plus loin. Elle ne reçut d'elle aucun de ces monuments qui font la gloire de bien des villes, et qui attestent une prospérité passée. Partout où elle s'est arrêtée, Rome a construit ses temples, bâti ses immenses édifices publics, ses théâtres, ses thermes, ses monuments funéraires, ses autels. A Étampes, rien de tout cela. Sa position ne pouvait, à aucun titre, fixer l'attention de ses maîtres. Une colonie militaire était inutile dans ce pays suffisamment gardé par les forteresses élevées aux environs, au temps de la conquête ; et le commerce ne pouvait espérer de bénéfices et d'avantages au milieu de ces

---

moins pour la confection d'un testament, sinon, pour être valable, il devait être présenté à la curie. C'est ce qui eut lieu pour le testament de Widrad. Savigny, t. I, chap. v, § 95.
Voy. encore Paul, *Sentences*, iv, 6.
(1) Laferrière, *Hist. du droit français*.

forêts, loin des communications ordinaires qui l'encouragent. Toutes les villes dont l'accroissement date de cette époque, le doivent à l'une ou à l'autre de ces deux causes, souvent à toutes les deux à la fois. Le commerce s'empara du cours des fleuves et de leurs embouchures. C'étaient les voies de transport les plus commodes, alors que les routes étaient avant tout des voies stratégiques. Orléans était sur le chemin de la Méditerranée à l'Océan, et l'un des entrepôts de Marseille et de Nantes; la compagnie des nautes Parisiens était en possession du cours de la Seine. Avant l'arrivée des Romains, cette capitale de la *Civitas* des *Parisii* était un misérable village, composé de quelques cabanes en terre dispersées dans l'île de la Seine. Étampes, privée de ces éléments d'accroissement, resta un simple village de bergers, moitié cultivateurs, moitié chasseurs, comme elle avait été du temps de la Gaule indépendante, comme elle resta, bien des siècles encore, jusqu'au jour où un roi, en y fondant un palais, donna naissance à une nouvelle ville (1).

§ III.

C'est donc à l'époque gauloise qu'il faut remonter pour trouver l'origine d'Étampes. De ce qui précède, il résulte qu'elle ne put être fondée par un établissement frank ou romain. Les

---

(1) Nous empruntons à Châteaubriand quelques lignes qui peignent à merveille l'état de la Gaule romaine.

« De longues voies romaines se déroulent à travers les forêts des druides. Dans les colonies des vainqueurs, au milieu des bois sauvages, vous apercevez les plus beaux monuments de l'architecture grecque et romaine : des aqueducs à trois galeries suspendus sur des torrents, des amphithéâtres, des capitoles, des temples d'une élégance parfaite; et non loin de ces colonies, vous trouvez les huttes arrondies des Gaulois; leur forteresses de solives et de pierres à la porte desquelles sont cloués des pieds de louves, des carcasses de hiboux et des os de morts. A Lugdunum, à Narbonne, à Marseille, à Burdigalie, la jeunesse gauloise s'exerce avec succès dans l'art de Démosthène et de Cicéron; à quelques pas plus loin, dans la montagne, vous n'entendez plus qu'un langage grossier, semblable au croassement des corbeaux. Un château romain se montre sur la cime d'un roc; une chapelle de chrétiens s'élève au fond d'une vallée, près de l'autel où l'eubage égorge la victime humaine. J'ai vu le soldat légionnaire veiller au milieu d'un désert, sur les remparts d'un camp, et le Gaulois, devenu sénateur, embarrasser sa toge romaine dans les halliers de ses bois. J'ai vu la vigne de Falerne mûrir sur les coteaux d'Augustodunum, l'olivier de Corinthe fleurir à Marseille, et l'abeille de l'Attique parfumer Narbonne. »

Martyrs, liv. IX.

preuves que nous venons d'énumérer ont dû donner une certaine consistance à cette proposition ; nous espérons la fortifier à l'aide des derniers arguments que nous avons encore à produire.

Du reste, nous devons le déclarer avant d'aller plus loin, nous ne revendiquons nullement l'honneur d'une découverte en pareille matière ; ceux qui l'ont abordée avant nous étaient assez portés à reconnaître l'exactitude des faits que nous reprenons après eux. Tout notre mérite n'est donc que d'avoir consolidé par des preuves ce qu'ils admettent avec quelque hésitation peut-être.

M. de Montrond (1), que ses études à l'Ecole des chartes et sa qualité d'archiviste mettaient à même d'apprécier une question de la nature de celle qui nous occupe, sans se livrer à de bien grandes recherches, admet en principe la solution que nous essayons d'établir ; et le père Fleureau, dont il se contente de reproduire les inductions, semble avoir pressenti toute la valeur des faits sur lesquels nous fondons nos principaux arguments. Après avoir combattu l'opinion du père Briet, qui place à Étampes-les-Vieilles l'ancienne *Salioclita*, voici comment il s'exprime (2) :

« J'ay d'autres raisons pour appuyer l'antiquité d'Estampes, qui semblent en quelque façon convaincre et faire voir qu'elle estoit avant la naissance de Jésus-Christ. Pour l'intelligence de ma première raison, il faut supposer qu'avant l'arrivée de Jules Cœsar dans les Gaules, elles étoient divisées en plusieurs provinces ou cantons, qui avoient chacun un gouverneur, que le même Cœsar en ses *Commentaires* nomme *Regulos*. Et quand, dans ses mêmes *Commentaires*, il dit *civitas Senonum, civitas Biturigum*, il n'entend pas une seule ville ou une seule cité ; mais, par une phrase qui lui est particulière, il signifie une grande contrée contenant plusieurs villes et plusieurs peuples confédérés et sujets d'un même gouvernement.

« Il faut supposer, en second lieu, qu'Estampes était une ville

---

(1) *Essais histor. sur la ville d'Étampes,* p. 3 et suiv.
(2) Fleureau, *loc. cit.,* p. 5.

ou bourg dependant du canton des Senonais. La preuve en est évidente, puisque elle est encore aujourd'hui du diocèse de Sens et que l'Eglise et les premiers prélats qui l'ont gouvernée, après saint Pierre, ont usé de cette prudence de diviser les diocèses suivant la division du gouvernement politique et temporel qui se trouvoit au temps de leur établissement, comme on le peut remarquer en la quatre-vingt-huitième distinction, en laquelle il est traité des lieux où l'on doit mettre des patriarches, des primats, des archevesques et des évesques. D'ailleurs il faut aussi supposer que nos anciens Gaulois bâtissaient ordinairement leurs villes frontières dans les marais, pour les rendre plus fortes. De toutes ces suppositions il résulte ce que j'ay dit au commencement, que le bourg de Saint-Martin est fondé dès le temps des anciens Gaulois ; puisqu'il est basty en pareille situation que les autres villes frontières de leurs cantons, comme en estant effectivement, confinant encore aujourd'huy avec le diocèse ou territoire des Chartrains.

« Je tire ma seconde preuve de l'antiquité d'Estampes, de ce que dans l'église métropolitaine de Sens, il y a un archidiacre qui porte le nom d'archidiacre d'Estampes. Il est vrai que l'on ne trouve rien dans les archives de l'église de Sens qui nous fasse connoître la première institution des archidiaconez, parce qu'elles ont été bruslées plusieurs fois, une entre autres par le feu du ciel, comme il est rapporté en la chronicque de saint Martin d'Auxerre. Mais l'ancienne tradition de Sens porte que les archidiaconez ont commencé aussitôt que l'Église catholique a commencé à s'établir dans cette ville-là qui reconnoist pour son apôtre le grand saint Savinien, disciple de saint Pierre. Et les histoires remarquent que ce saint arriva à Sens et commença à y prêcher l'Évangile environ l'an 46 de nostre salut. »

Toute cette argumentation est concluante, et il faut savoir gré au P. Fleureau des recherches qu'il a faites, en lui tenant compte de ce que l'état des connaissances historiques lui permettait alors de découvrir. Cette science a fait depuis bien des progrès, et bien des problèmes ont été résolus. Nous savons à quoi nous en tenir maintenant sur la tradition dont il parle relativement aux archidiaconés du diocèse de Sens. Nous avons établi au commencement la corrélation qui existe entre eux et les *pagi* de la *civitas* des Senonais, et le fait que l'époque où ces archidiaconés ont été institués dans le diocèse de Sens est incertaine par suite de la destruction des archives de cette église, n'a aucune conséquence, en ce qui concerne le point que nous discutons, en présence des principes que nous avons rapportés à cette occasion. Ce n'est que pendant le vi⁰ siècle, selon l'abbé Fleury, que les archidiacres, devenant des dignitaires influents du diocèse, héritèrent de toute l'autorité des archiprêtres, abaissés à un rang inférieur, et dès lors revêtus seulement de la prééminence sur tous les curés du même doyenné (1). Toutefois cette date est probablement trop ancienne, puisque ce ne fut guère qu'au ix⁰ siècle que furent créés les archidiaconés ruraux ; mais les limites de ces nouvelles circonscriptions ne furent pas fixées par les conciles, comme le furent celles des diocèses ; elles restèrent donc un peu arbitraires, et ne purent pas reproduire bien exactement les *pagi*. « Cependant la connaissance des archidiaconés doit faciliter celle des *pagi*, parce que les évêques, en procédant à la circonscription des premiers, ont dû se régler très-souvent sur celle des seconds que renfermaient leurs diocèses (2). » Nous n'avons donc pas à examiner si les limites de l'archidiaconé d'Étampes reproduisaient celles du *pagus Stampensis* ; il nous suffit de constater l'identité de ces deux divisions, et, comme l'antiquité du *pagus* en général est démontrée, celle des *pagus Stampensis* en résulte nécessairement. Nous pouvons ajouter, en passant, que l'existence de plusieurs *peulvens* sur différents points de l'arrondissement d'Étampes et de celui de Chartres, en des endroits où se trouvaient les limites de l'archidiaconé, semble donner une nouvelle force à notre assertion. La présence de ces pierres druidiques au milieu des plaines de la Beauce et sur les confins du Gâtinais, où de pareils blocs de pierre n'existent pas naturellement, nous paraît très-significative. Elles durent être

---

(1) Des Odoards Fantin. — *Dict. ecclés.* V¹ˢ archiprêtre et archidiacre.
(2) Guérard, *Essai sur les divis. territ. de la Gaule*, p. 96.

apportées là dans un but quelconque ; leur isolement, et la distance assez grande à laquelle elles se trouvent les unes des autres, semblent exclure l'idée que les lieux où on les rencontre fussent consacrés au culte druidique, comme certaines parties des territoires de Chartres et de Dreux. Si l'on admet l'opinion, très-vraisemblable du reste, qui consiste à les regarder comme des bornes servant à séparer les terres des différents clans dont se composait la Gaule, les limites de l'ancien *pagus Stampensis* se trouveraient ainsi reconnues et correspondraient à peu près exactement à celles de l'archidiaconé (1).

Un autre moyen de preuve, qui subsiste avec toute sa force, est celui que le P. Fleureau tire de la position d'Étampes au milieu des étangs formés par les rivières qui l'arrosent. Toute la surface de la Gaule était couverte d'immenses forêts, entrecoupées de quelques clairières, qu'habitaient les peuplades celtiques. Elles se retiraient à l'approche de l'ennemi dans les fourrés marécageux, dont elles défendaient les abords au moyen de palissades formées de branches entrelacées et de vastes abattis d'arbres. Ces positions étaient bien plus faciles à défendre. Les forêts conservaient des amas d'eau considérables, et les rivières, se répandant à travers les vallées, y formaient de nombreux marais. Il semble en effet, d'après diverses indications, que ce soit au bord des eaux que se sont réunis les premiers établissements et les premiers centres de société. Les vallées des fleuves et des rivières ont partout servi de route aux émigrations et aux conquêtes ; c'est entre le culte des eaux et celui des hauteurs qui les dominent, et de la forêt qui les cou-

---

(1) Près de Toury (Eure-et-Loir), il y a, sur la grande route, un *dolmen* appelé la pierre de Gargantua.

À Méréville, on voit, au milieu d'un champ, la pierre du Mesnil (arrondissement d'Étampes.)

Il y en a une sur la commune de Saint-Chéron, vers le bois des Poteries, entre les routes d'Étampes et d'Auneau.

Voy. *Mém. de la société des Antiq. de France*, t. XI, p. 181.

Le hameau de Pierrefitte, près Étampes, doit son nom à l'une de ces pierres. On en trouve d'autres encore près de Thionville et de Buno-Bonnevaux.

Nous approfondirons ces questions pour les traiter *in extenso* en cherchant à reconstituer la topographie du *pagus Stempensis*, et les villages qu'il renfermait.

ronne, que semblent flotter les premières religions locales de notre pays.

La configuration du pays qui environne Étampes repond complétement à ces données. Il est coupé de vallées, les unes sèches, les autres arrosées par de nombreux cours d'eau qui ont dû être plus considérables qu'ils ne le sont aujourd'hui, à une époque qui n'est pas encore très-éloignée, avant que l'industrie, en les utilisant, n'en eût occasionné une grande déperdition, et que des travaux hydrauliques importants ne leur eussent frayé un plus libre cours à travers la prairie (1). A cette époque la rivière d'Étampes était navigable à partir de cette ville, et portait jusqu'à la Seine, à Corbeil, les produits du pays (2). D'autres amas d'eau paraissent avoir existé dans quelques parties du territoire, aujourd'hui complétement desséchées; les noms des villages de Puiselet-le-Marais et de Valpuiseaux témoignent encore de ce fait, tandis que l'existence des forêts qui couvraient les vallées et les étroits plateaux qui les séparent, et se reliaient à celles des Ivelines, de Dourdan et d'Orléans, se trouve attestée par le nom d'un assez grand nombre de villages environnants. Duchesne nous apprend que de son temps on parlait d'une forêt qui jadis s'étendait d'Étampes jusqu'au village de Torfou... « lieu duquel (Étampes) un long bois de hêtres et futeaux s'estendoit jadis jusque en cette vallée de Tourfour, vraye retraite de voleurs et recommandable à si longues années par les pilleries et les meurtres qui s'y sont faits aux siècles passés (3). » Ce qui valut, dit-on, au village

---

(1) La Juine en amont d'Étampes jusqu'à Vauroux, et les rivières de Louette et de Chalouette réunies, depuis l'endroit appelé le Portereau, coulent dans un lit artificiel.

(2) La promenade qui aboutit à la rivière, en sortant par le faubourg Evezard, porte encore le nom de Promenade du Port.

(3) André Duchesne, *Antiq. des villes de France*. — Cette mauvaise réputation du bois de Torfou ne s'est jamais perdue. La Fontaine, ayant à y passer, n'était pas fort rassuré. « Je ne songe point à cette vallée de Tréfou que je ne frémisse :
C'est un passage dangereux,
Un lieu pour les voleurs, d'embûche et de retraite,
A gauche un bois, une montagne à droite ;
Entre les deux
Un chemin creux.
La montagne est toute pleine

d'Étréchy, situé autrefois au milieu de ce bois, le surnom de *le Larron*.

Ces positions convenaient d'autant mieux aux Celtes qu'ils formaient une population adonnée à l'élève des bestiaux, et particulièrement des porcs, qui atteignaient chez eux une grosseur énorme. Ils trouvaient dans les forêts de chêne une nourriture abondante et appropriée, et leur chair jouissait, pour cette raison, à Rome et dans l'Italie entière, d'une grande réputation. On les voyait errant par bandes et à l'abandon à travers les villages et dans les bois, où ils passaient presque à l'état sauvage, et où ils n'étaient, au rapport de Strabon, guère moins dangereux que les loups (1). Malgré l'extension progressive de l'agriculture, l'éducation des bestiaux fut toujours la principale branche d'industrie des Gaulois, qui consommaient plus de viande que de grains, comme tous les peuples des climats froids et humides (2). Aussi n'avaient-ils point de villes, à proprement parler (3), mais seulement des villages dont les habitations se trouvaient desséminées sur une grande étendue de terrain. Ces villages devaient être très-nombreux et très-populeux, puisqu'ils purent opposer à César des forces considérables, et que les nouvelles importantes pouvaient se transmettre de l'un à l'autre à l'aide de signaux et en poussant de grands cris. Il ne fallut pas un jour pour faire parvenir de Genabum à Gergovie la nouvelle du soulèvement des Carnutes (4). Une réunion de chaumières éparses sans ordre, séparées les unes des autres par quelques champs en culture, et construites en torchis, constituaient le village (5). C'était l'ensemble de plusieurs villages avec les pâturages et les bois, les

De rochers faits comme ceux
De notre petit domaine. »

Comme pour consacrer ce mauvais renom, un crime, commis dans des circonstances horribles, est venu, il y a quelques années, ajouter aux tristes fastes de ce pays.

(1) *Strabon*, liv. IV, chap. iv, p. 65.
(2) Les immenses forêts de la Gaule en rendaient le climat bien plus froid qu'il n'est aujourd'hui.
(3) V. Dulaure, *Mém. des ant. de France*, t. II, p. 127, et *Hist. des environs de Paris*, passim.
(4) Il y a plus de 50 lieues. Voy. Cæs. *Bell. gall.*, liv. VIII, chap. v.
(5) *Strabon*, liv. IV, p. 197.

terres labourées et les espaces incultes qui les environnaient, qui formaient le *pagus* (1).

Les Romains, dans un but politique, défrichèrent un grand nombre de forêts, foyer du druidisme. C'est à eux que l'on doit la mise en culture de la Beauce, dont on apprécia bien vite la valeur agricole ; tous ces champs défrichés étaient cultivés par les paysans gaulois ou les esclaves des *villæ* romaines. Mais la conformation des villages gaulois fut peu modifiée par ce nouvel état de choses ; tandis que les villes, centres du commerce des Romains, changèrent complètement de face. Les Franks, au contraire, qui paraissaient avoir été les plus déterminés chasseurs qui aient existé, en s'emparant des terres cultivées par les Gallo-Romains, s'empressèrent de consacrer à la chasse de vastes emplacements qu'ils peuplèrent d'animaux de toute espèce, même de loups. L'établissement de ces forêts, en enlevant aux laboureurs toute sécurité, les forçait à abandonner leurs champs et leurs habitations. Aussi, loin de créer de nouveaux villages, les Franks furent-ils plutôt une cause de dépopulation, et la Gaule redevint bientôt aussi sauvage qu'elle l'était avant la conquête romaine.

Telle fut Étampes pendant les premiers siècles de son existence : au temps de l'indépendance, un village habité par des pâtres, semblable à tous les autres villages voisins, sur lesquels elle n'avait qu'une supériorité nominale ; son industrie était bornée à l'élève des bestiaux, surtout des porcs. Plus tard, sous les Romains, l'agriculture se développa chez ses habitants, grâce à de nombreux défrichements opérés par les nouveaux maîtres. Mais cet élément de prospérité, auquel elle dut sans doute quelque accroissement, s'évanouit le jour où les Franks vinrent rendre aux divinités des forêts leurs anciens domaines. Toute cette période éloignée ne nous est révélée que par des inductions historiques. Rome, à qui la propriété privée dans les provinces était inconnue en droit, nous laisse en présence d'un passé obscur, sans autre guide que des faits généraux. Lorsque le chaos des invasions barbares commence à

(1) Dulaure, *Mém. des ant. de France,* t. II, p. 127 et suiv.

sè débrouiller, les chartes, les diplômes, les documents de toute nature abondent; aussi n'est-ce guère qu'à cette époque que commence réellement l'histoire nationale, et que nous trouvons aussi pour Étampes des éléments plus précis. Jusque-là nous pouvons seulement nous dire : Nos ancêtres, les Gaulois, ont vécu en cet endroit; cette ville, ils l'ont habitée, ces champs ont été cultivés par eux; dans ces forêts erraient leurs troupeaux, mais là doivent s'arrêter nos investigations : nous n'avons pas voulu, nous non plus, faire davantage.

Toutes les considérations qui précèdent tirent une nouvelle force de l'étymologie du nom d'Étampes. Cette question, la première peut-être que doive résoudre l'historien, puisque, comme le dit Fleureau : « L'on a toujours estimé qu'il y avait des mystères cachés sous les noms propres des cités et des villes auxquelles on les a imposés, pour quelque sujet particulier, quoique bien souvent on ne puisse le pénétrer (1), » cette question a préoccupé tous ceux qui, avant nous, ont abordé le sujet que nous traitons, mais n'a pas été selon nous assez sérieusement discutée.

L'étymologie qui a obtenu le plus de faveur, et qui se trouve généralement reproduite, fait dériver le nom d'Étampes de celui de Tempé, Τέμπη; elle est probablement la plus ancienne, puisqu'elle avait cours au temps de François Ier, où elle se trouva fort à propos pour fournir à Marot l'occasion d'un joli madrigal à l'adresse de la favorite (2) :

> « Ce plaisant val que l'on nomme Tempé,
> Dont mainte histoire est encore embellie,
> Arrousé d'eaux, si doux, si attrempé,
> Sachez que plus il n'est en Thessalie,
> Jupiter roi qui les cœurs gaigne et lie
> L'ha de Thessalie en France remué,
> Et quelque peu son nom propre mué,
> Car pour Tempé veut qu'Estampes s'appelle,
> Ainsi lui plait, ainsi l'a situé,
> Pour y loger de France la plus belle. »

(1) *Loc. cit.*, p. 1.
(2) Anne de Pisseleu, duchesse d'Étampes.

Cette origine est trop frivole pour nous arrêter ; elle n'a d'autre mérite que les vers gracieux qu'elle a inspirés à Marot, et le P. Fleureau a fort bien fait justice de la fable à laquelle on la rattachait alors (1). Mais en rejetant la tradition populaire, il n'en accepte pas moins l'étymologie de Τέμπη comme étant celle qui a produit le nom actuel d'Étampes ; et ce qui a lieu de nous étonner, c'est que M. de Montrond, dans ses *Essais historiques sur la ville d'Étampes* (2), ait suivi cette opinion, en entrant pleinement, et sans les discuter, dans les motifs du P. Fleureau : « C'est pourquoi, dit ce dernier, j'estime qu'on peut croire avec plus de probabilité, qu'au commencement Étampes a été nommé Τέμπη par les premiers Gaulois qui se servaient de la langue grecque, au rapport de César en ses *Commentaires*, au moins les plus sages auxquels il appartient de donner les noms aux choses (3), et que ce nom, qui signifie indifféremment toutes sortes de lieux mêlés de prairies, de ruisseaux, de collines et de bocages, a été donné par antonomasie à la ville d'Étampes à cause de son agréable situation (4). »

Devons-nous réfuter cette explication ? Elle se fonde sur plusieurs erreurs. Nulle part, en ses *Commentaires*, César ne dit que les Gaulois fissent usage de la langue grecque. Voici le passage, bien connu d'ailleurs, qui, mal interprété, a causé la méprise du savant, mais quelquefois peu judicieux auteur des *Antiquités d'Étampes* : « Neque fas esse existimant (druides) ea lit- « teris mandare, quum in reliquis ferè rebus, privatisque ratio- « nibus, græcis utantur litteris (5). » Ce qui signifie simplement que les Gaulois, ceux qui avaient de l'instruction, les druides en un mot, se servaient des caractères de l'écriture grecque. D'où leur venait cet usage ? C'est ce qu'il ne nous appartient pas de rechercher. Quoi qu'il en soit, ce fait est constant, mais il n'en est

---

(1) Comme conséquence de la fable qui fait venir une colonie de Troyens en Gaule, sous la conduite de Francus, une tradition rapporte la fondation d'Étampes à quelques-uns de ces fugitifs.

(2) T. I, p. 2 et suiv.

(3) C'est généralement le contraire qui arrive, surtout dans les temps barbares ; c'est la voix du peuple qui impose son choix.

(4) *Loc. cit.*, chap. I.

(5) Cæs. *Bell. Gall.*, liv. VI, chap. XIV. — « In castris Helvetiorum tabulæ « repertæ sunt, litteris græcis confectæ. » (*Id.* liv. I, chap. XIX.)

pas moins prouvé aussi que les Gaulois n'avaient aucune connaissance du grec (1), et loin qu'ils aient adopté une langue étrangère, l'histoire nous apprend — c'est un fait aujourd'hui parfaitement établi et que personne ne conteste — qu'à une époque bien postérieure ils avaient conservé avec persistance leurs idiomes nationaux. Et, d'ailleurs, si tant est que le sens que nous donnons au passage de César puisse être le sujet d'une discussion, où les Gaulois d'entre Seine et Loire, qui étaient Belges et appartenaient à la race Kimrie, auraient-ils appris l'usage de la langue grecque? Sans doute on ne peut nier que cette langue n'ait été parlée en Gaule et dans des provinces assez étendues ; dans ces pays on peut trouver beaucoup de noms grecs appliqués à plusieurs localités, mais ce n'est que dans le voisinage de la colonie phocéenne établie à Marseille, et un peu aussi dans les pays sur lesquels s'étendait la domination massaliote. Là fut parlé le grec le plus pur (2), et les principaux d'entre les Gaulois, subissant l'influence de la brillante civilisation des Ioniens, purent adopter leur langue dans leurs relations avec eux ; mais ils n'en conservèrent pas moins leur idiome national dans leurs rapports domestiques avec une persistance qui ne fut dépassée que par l'antipathie constante que les Grecs éprouvèrent toujours pour la langue de leurs maîtres, les Romains. Les populations méridionales, bien qu'appartenant aussi à la race gauloise, n'avaient que peu de communications avec les

---

(1) « Les druides employaient les caractères de l'alphabet grec : on en a conclu légèrement que la langue grecque était assez répandue dans la Gaule pour qu'on en dérivât des noms de lieux. Mais Q. Cicéron était assiégé dans son camp par des Gaulois, César lui fit passer des lettres qu'il écrivit en grec, afin que les ennemis, s'ils les interceptaient, ne pussent en comprendre le sens. Cette langue, loin d'être familière aux Gaulois, était donc ignorée, même des chefs de la nation. » Eusèbe de Salverte, *Essai sur les Noms*, t. II, p. 281, § 92. Cæsar, *Bell. Gall.*, liv. V, chap. LVIII.

Ce fut probablement par suite des relations des Gaulois avec Massalie que s'introduisit chez eux l'usage des caractères grecs. On doute même que les Druides aient avant eux connu l'écriture. Il y a plus ; on trouva chez les Gaulois certains contrats rédigés en grec. « Les érudits modernes se sont perdus en contestations sur ce fait, l'un des plus simples de l'histoire de la Gaule : comme si nous n'avions pas chaque jour sous les yeux des faits analogues, comme si chaque jour nos gouvernements et nos marchands ne traitaient pas par écrit, et dans des langues européennes, avec des sauvages qui ignorent les langues et l'usage même de l'écriture. » Améd. Thierry, *Hist des Gaules*, t. II, p. 242.

(2) Fauriel, *Hist. de la poésie prov.*, t. I.

Gaulois du nord qui, venus beaucoup plus tard, avaient refoulé les anciens maîtres du pays, les Galls, dans le midi. A moins que l'on ne veuille voir dans Étampes une colonie grecque; mais alors que seraient venu faire des commerçants dans ces parages, sur les bords de deux ou trois petites rivières coulant sans frein dans la prairie, au milieu de pâtres et de laboureurs? Où sont les traces de cette colonisation, les débris des monuments que la Grèce semait partout où elle s'arrêtait (1)?

Evidemment il y a eu inadvertance de la part de l'auteur des *Essais*, inadvertance d'autant plus étonnante que l'étymologie fabuleuse de Tempé devait le mettre sur la voie d'une autre plus sérieuse. Nous allons revenir dans un instant sur ce sujet.

Les étymologies que l'on chercherait dans les langues latine et tudesque, ne sont pas plus admissibles que celle que nous venons de rejeter.

La langue latine ne nous fournit d'autre étymologie que *Tempe*, car ce mot, emprunté au grec, avait la même signification dans les deux langues ; mais chez les auteurs latins on ne le rencontre que dans la poésie, et ce n'est que bien plus tard, au moyen âge, qu'on le retrouve dans la basse latinité, comme le prouve ce diplôme de 1285, cité par Du Cange : « Cum « omnibus appenditiis, pratis, pascuis, sylvis, agris, aquis, « *Tempe*, et omnibus hujus modi pertinentиs. Ubi *tempe*, » ajoute Du Cange, « sumitur pro pascuis in montium convalli- « bus (2). » Nous avons vu que les données historiques ne nous permettent pas de rattacher l'origine d'Étampes à la domination romaine ; ce n'est donc pas à un mot d'un usage très-rare d'ailleurs dans la poésie latine qu'il faut demander l'étymologie de son nom.

Quant au tudesque, on trouverait bien dans les idiomes germaniques un radical qui aurait pu former le mot d'Etampes,

---

(1) Les Massaliotes ne fondèrent que des établissements utiles à leur commerce. C'est ainsi que Strabon nous apprend qu'ils avaient des comptoirs sur la Seine et la Loire, à Orléans, à Nevers, à Nantes pour le commerce du Nord. Mais ces villes étaient sur des fleuves par lesquels arrivaient leurs marchandises. Ils n'avaient rien à faire ni à exploiter dans les forêts de la Beauce. Voy. *Strabon*, liv. IV, p. 189, et Amédée Thierry, *loc. cit.* t. II, p. 141.

(2) Du Cange, voy. *Tempe*.

si les raisons que nous avons déjà déduites ne nous forçaient de le rejeter aussi. En effet, les mots *stappe*, *stampf*, qui signifient s'arrêter, s'établir, et le dérivé *stamfen*, établissement, reproduisant à peu près le mot *Stampæ*, pourraient à la rigueur nous dispenser de poursuivre nos recherches plus avant. Mais cette étymologie ne trouverait pas d'explication dans les faits, et n'appartient pas d'ailleurs à l'ordre d'idées dans lequel ont été pris la plupart des noms de lieux chez les Germains.

Voilà donc deux nouvelles raisons de rejeter l'origine franque ou l'origine romaine. Pour nous, nous préférons nous arrêter à une autre source, et c'est dans la langue celtique que nous croyons trouver la solution de ce problème.

Avant de donner les motifs de cette préférence, et pour la justifier, nous allons être obligé de faire une courte excursion dans le domaine de l'ethnographie et de la linguistique, et de chercher si la parenté qui a existé entre les idiomes celtiques et les patois parlés encore aujourd'hui dans quelques cantons de France et d'Angleterre, ne peut nous conduire à un résultat plus satisfaisant que ceux que nous avons éliminés. Car, si nous prouvons que les mots dont nous croyons pouvoir faire dériver le nom d'Étampes, et qui sont tirés du breton actuel, appartiennent à des radicaux qui se retrouvent dans plusieurs langues, sœurs du celtique, en nous reportant aux considérations que nous venons d'examiner tout à l'heure relativement à la situation de notre ville, aux habitations des Gaulois, et au choix qu'ils faisaient de préférence de certains emplacements pour s'y établir, notre thèse se trouvera ainsi appuyée sur une base aussi solide qu'elle peut l'être.

La Gaule a été, de temps immémorial, le séjour de la famille celtique, qu'on a longtemps crue aborigène, mais que la comparaison des langues et plusieurs autres circonstances nous représentent comme la première migration indienne qui ait pénétré en Europe (1). Les Galls, arrivés les premiers, s'étendirent jusqu'à la Garonne, et même plus loin; les Kimris, venus

(1) Eichoff, *Parallèle des langues de l'Europe avec celles de l'Inde.* — Introduction, p. 14.

plus tard, les poussèrent au delà de la Loire. Enfin, les Belges, ou Bolgs, tribu kimrique qui s'était arrêtée de l'autre côté du Rhin, le passa à son tour, à une époque comparativement assez récente, et se répandit sur les deux rives de la Seine. Les tribus qui s'établirent le long des côtes de la Manche et de l'Atlantique prirent le nom particulier d'Aremorikes, maritimes (1).

Ces différentes migrations constituèrent en Gaule deux grandes familles, dont Cæsar et Strabon nous constatent l'affinité, et qu'ils appellent Celtes ou Gaulois, et Belges. Les idiomes parlés par ces deux races, et rangés sous le nom d'idiomes celtiques, ont des rapports marqués avec ceux de la grande famille indo-germanique à laquelle se rattachent les langues persane, grecque et tudesque. « Toutes ces langues, considérées quant à leur substance même, et indépendamment de la phraséologie, sont originairement identiques, c'est-à-dire composées des mêmes racines primitives, que l'influence du climat, la prononciation nationale, les combinaisons logiques ont nuancées de diverses manières (2). »

Le génie des peuples celtiques, leur passion pour leur indépendance et pour tout ce qui leur rappelait leur passé, devaient opposer une grande résistance aux Romains. Quand, après de nombreux soulèvements, auxquels la dépopulation de la Gaule put seule mettre un terme, cette résistance fut matériellement vaincue, elle se manifesta encore par un attachement pour leur langue et leurs vieilles mœurs. La Gaule ne devint romaine qu'à la surface. Au fond subsistait le vieil esprit celtique, réfugié dans les campagnes. Aussi ne faut-il pas s'arrêter à ce que peuvent nous apprendre les documents administratifs ou législatifs émanés des Romains, ni conclure des nombreux vestiges qui nous restent de leur civilisation, que les Gaulois y étaient complétement acquis. L'antipathie constante des Grecs pour Rome nous est révélée par des monuments de toute nature, tandis que rien n'indique d'une manière aussi éclatante celle des Gaulois; c'est qu'ils n'avaient pas, comme eux, des arts ni une littérature qui a constaté jusqu'au moyen âge leur existence ; mais

(1) Amédée Thierry, *Hist. des Gaulois*. Introd. *passim.*
(2) Eichoff, *loc. cit.* p. 32. — Fauriel, *Hist. de la poésie prov.*, 31.

nous avons des témoignages irrécusables qui prouvent qu'aux derniers temps de la domination romaine ils n'avaient pas oublié leurs mœurs, et surtout leur langue. Elle était, au contraire, tellement répandue, que l'on dut permettre de tester en gaulois comme on l'avait déjà fait pour le grec (1) ; et saint Jérôme nous rapporte qu'on parlait, en Galatie, une langue qui était la même qu'il avait entendue parler à Trèves (2). Double fait qui prouve combien était grand l'attachement des Gaulois pour leur langue nationale, puisque les Galates ne l'avaient pas encore oubliée, et la parlaient telle que la parlaient les Belges, leurs frères, les derniers arrivés en Gaule.

La domination romaine, et ensuite celle des Franks, en introduisant des éléments nouveaux, donnèrent naissance à une nouvelle langue, et rétrécirent ainsi de jour en jour les pays où le celtique était encore parlé ; et les derniers Celtes, fuyant devant les étrangers, furent enfin acculés à l'extrémité de leur pays, dans la Bretagne, comme ils le furent en Angleterre, dans la Cornouaille et le pays de Galles où ils restèrent presque toujours insoumis, si bien qu'au siècle dernier les descendants des Celtes de l'Irlande et du pays de Galles se faisaient aisément comprendre de nos Bretons (3). C'est une garantie que les idiomes ne se sont pas beaucoup éloignés de leur forme première. C'est donc dans le patois dont se servent aujourd'hui les paysans de la basse Bretagne qu'il faut aller chercher les débris du vieux gaulois ; et quand la comparaison de ces dialectes avec le sanscrit nous donnera des radicaux identiques, nous pourrons concevoir quelque certitude d'avoir retrouvé à peu près la forme des mots employés par les plus anciennes populations de la Gaule. C'est l'épreuve à laquelle nous avons soumis les radicaux dont nous voulons faire dériver le nom d'Étampes.

Déjà Bullet en avait proposé deux étymologies, tirées de la langue celtique. C'était à une époque où les études sur les an-

---

(1) Digeste, liv. XXXII de *Lege fideicom*.

(2) Saint Jérôme, *Épître aux Galates,* chap. III.

(3) Aujourd'hui même, la similitude du langage a été une cause de rapprochement intime entre nos soldats bretons et les gaëls de l'armée anglaise, devant Sébastopol.

tiquités nationales passionnaient les savants, et où plusieurs d'entre ceux qui étaient nés dans les provinces où se parlaient des idiomes dérivés de l'ancien gaulois, voulaient tout rattacher aux plus anciens habitants de la Gaule (1). Bullet, quoique originaire de la Franche-Comté, a été un des plus fervents apôtres du système nouveau ; mais tout système a ce grave défaut qu'il est exclusif, et Bullet était un de ces celtisans qui voient partout du celtique, appliquant à tous les mots, même les plus étrangers à cette langue, une origine arbitraire et forcée, et se contentant de la moindre ressemblance entre les radicaux dans les noms pour leur délivrer avec enthousiasme un brevet d'antiquité. Il part de ce principe, vrai sans doute, dont il tire les conséquences les plus merveilleuses, que les peuples primitifs donnaient à leurs habitations un nom en indiquant la situation, les caractères topographiques. Mais ce principe une fois reconnu pour constant, il ne faut pas l'ériger en système absolu, sous peine d'arriver à l'absurde et de tomber dans le discrédit, comme il est arrivé à Bullet (2).

Les étymologies qu'il présente relativement à Étampes en sont un exemple (3) : « Étampes, *Stampœ*, sur la Juine, et un ruisseau qui s'y jette ; elle est environnée de grandes et fertiles prairies où l'on nourrit une grande quantité de moutons, dont la laine fait le principal commerce de la ville. *Stancq*, abondantes, fertiles; *Baës*, *paës*, prairies : ou *Stam*, *Estame*, tricotage. » Ces étymologies peuvent paraître faites à plaisir, et ceux qui connaissent les lieux peuvent aisément vérifier l'inexactitude de l'explication de Bullet à l'endroit de la fertilité des prairies et des moutons qu'elles nourrissent. Étampes eût-elle été située sur une montagne, que Bullet n'aurait probablement pas été en peine de trouver dans sa langue favorite deux mots correspondant à cette position.

Mais examinons de plus près, non pas la seconde étymologie, qui est complétement ridicule, mais la première, qui n'est pas

---

(1) Tels que Le Brigant, La Tour d'Auvergne, etc.
(2) Bullet, *Mém. sur la langue celtique*, t. I. Voy. notamment les étymologies qu'il donne des noms d'Orléans et de Chartres.
(3) Bullet, *loc. cit.*

tout à fait aussi dépourvue de sens, et en interrogeant la signification des mots qui la composent, sans nous laisser dominer par la nécessité de la faire plier aux besoins de la cause, nous arriverons à une explication plus satisfaisante que celle que nous critiquons.

Nous trouvons d'abord le mot *stancq*, dont Bullet fait un adjectif signifiant abondant. En cherchant dans les différents dictionnaires qui ont été faits sur les langues celto-bretonnes, nous trouvons ce mot avec différentes acceptions dérivées les unes des autres. D'après Bullet lui-même, dans son dictionnaire (1), ce mot signifie étang, amas d'eau, et par dérivation ce qui est retenu, pressé, en grande quantité. Il dit ensuite : « Tanc en indien, étang, tank en persan, lieu rempli d'eau de peu de profondeur..... le père Maunoir met *stanc*, étang et épais. » Legonidec (2) le traduit par marais ; Grégoire de Rostrenen (3) et Le Peletier (4), par étang. Ce dernier ajoute : « Quelques-uns disent au singulier *stanken*, un vallon où l'eau s'arrête et forme un étang, l'eau y étant resserrée.... du gaulois *stanca*, on a fait dans la basse latinité *stancare*, pour signifier soit de l'eau retenue, soit ce qui est pressé. Vossius écrit : « Stancare, pro sistere ex græco στεγνοῦν, constringere, non « transmittere, ut solent vasa futilia ac rimosa. Nempè ex « στεγνοῦν, stancare, ut secundum Varronem et Festum, « stagnum ex στεγνὸν, quia aquam contineat, constringat. »

Tan, stau, signifient encore rivière.

Pour la seconde partie du mot que Bullet explique par prairie, nous trouvons dans les mêmes auteurs : maës, pâturage, champ ; maëz, campagne, plaine découverte ; maës et meas, les champs, la campagne ; paë et poii, pays ; vaës, campagne (5).

Ainsi, sans avoir recours à un sens dérivé et forcé, en prenant au contraire le sens le plus étendu de ces mots, nous

---

(1) *Loc. cit.*, t. III.
(2) *Dict. celto-breton*, V° Stanc.
(3) *Dict. franç.-breton*, V° Etang.
(4) *Dict. de la langue bretonne*, V^is Stanc et Stanca.
(5) Le *p*, le *b*, l'*m* et le *v* s'emploient souvent l'un pour l'autre.

trouvons comme explication la plus naturelle celle de *stancq-paë* ou *maës*, pays de marais, explication qui convient parfaitement à la situation topographique d'Étampes à l'époque gauloise, au milieu des marais formés par la Juine et les autres petites rivières qui s'y réunissent, à l'endroit où elle était alors située, et que justifie encore aujourd'hui le mode de culture appliqué à toute la prairie, assolée en jardins marais, et la réputation que la ville doit aux excellents légumes qu'elle envoie en grande quantité aux marchés de la capitale.

Le sens de ces mots se trouve confirmé par celui qu'avaient les radicaux d'où ils dérivent dans le sanscrit, où *sta* signifie se tenir, se placer, en grec στάω, ἵστημι; latin, sto, sisto; français, dans les composés, res*ter*, per*sister;* anglais, stand ; et encore stabh et stubh, en sanscrit, fixer, condenser; grec στείβω; latin, stipo ; allemand, stampfe. — Et Pa, nourrir, soutenir, en sanscrit ; grec πάω; latin pao (1) ; d'où *pagus :* la terre est appelée dans toutes les religions primitives la nourrice du genre humain.

Qu'on nous permette ici un rapprochement, que nous ne donnons, du reste, que pour mémoire. *Tempe* et Τέμπη signifiant vallée, et *stancq-paës* ayant un sens analogue, ces mots ne sont-ils pas de même famille, et n'ont-ils pas une même origine ? Ainsi se trouverait réhabilitée, mais par d'autres moyens, l'étymologie donnée par Fleureau.

Nous citerons encore ici deux étymologies proposées par Bullet, se rapportant au sujet qui nous occupe: celle de la *Juine*, rivière qui arrose Étampes, et celle du village de Saclas, dont nous avons déjà parlé.

« Juine, *Junna*, ses eaux sont fort froides; *Guin*, *Juin*, froid. » Le Peletier dit *Jen*, froid, et Grégoire de Rostrenen : *Yen*, *guién*, *yein*, froid. En sanscrit *Jalan*.

« Saclas, Salioclitæ, *salyon*, maison, *clit*, fermé de claies : *clit* claie (2).

Il est bien entendu que nous ne rapportons ces étymologies que sous toutes réserves; il ne rentre pas dans notre sujet, déjà assez étendu, de les contrôler.

(1) Eichoff, *loc. cit.*
(2) Voy. *loc. cit.*

Pour en revenir à Étampes, elle n'est pas la seule localité dont le nom ait l'origine que nous avons proposée. Nous trouvons, entre autres exemples frappants de similitude étymologique, Stain, près Paris. « Ce village, dit l'abbé Lebeuf, paraît avoir tiré son nom de l'étang ou des étangs qui étaient au bas de la colline où il est situé... de même que dans le Rouergue Stain porte le même nom de *Stagnum* (1). »

§ IV.

Pour nous résumer, nous avons cherché à établir :

1° Qu'Étampes ne peut dater de l'époque franque.

Pour y parvenir, nous avons dit :

Qu'elle était, dès les premiers temps de l'établissement des Franks, le chef-lieu d'un *pagus* auquel elle donnait son nom; que la division appelée *pagus* était d'origine fort ancienne, et de beaucoup antérieure aux Franks; de plus, que l'on frappait monnaie à Étampes dès le temps où il est pour la première fois fait mention de cette ville dans les historiens. Nous avons conclu de tous ces faits qu'à cette époque elle ne pouvait être de date récente.

2° Qu'elle ne peut davantage devoir son origine aux Romains.

En effet, Rome a fondé très-peu de colonies proprement dites, et tous ses autres établissements s'élevèrent au milieu de centres de population déjà existants. Nous avons passé en revue ces divers établissements; les traces d'aucun d'eux ne se peuvent reconnaître à Étampes; rien n'indique même que les Romains s'y soient arrêtés d'une manière durable. Elle n'eut donc d'autre rapport avec eux que ceux que lui imposait leur organisation administrative.

L'existence à une lieue de là d'une villa romaine, occupée ensuite par les rois franks, tend au contraire à faire croire qu'elle resta étrangère à toute immigration un peu importante de l'un ou de l'autre des deux peuples.

(1) *Hist. de la ville et du diocèse de Paris*, t. III, p. 315. V. aussi Dulaure, *Hist. des env. de Paris*, V° *Stain*.

Ainsi, Étampes n'ayant pu être fondée par les Franks ni par les Romains, nous avons été obligé de rechercher son origine chez les Gaulois.

Après avoir fait le tableau de ce que devait être Étampes à cette époque, d'après les notions générales que nous fournissent l'histoire, sa position topographique, la configuration et la nature du pays où elle se trouve, nous avons essayé de démontrer que la langue celtique fournit une étymologie qui se rapporte parfaitement avec ces données, et qu'elle doit être préférée à celles qui avaient été proposées jusqu'alors.

Il ne nous reste plus maintenant qu'à déterminer la position qu'occupait l'ancien Étampes dont nous venons de retracer l'origine. Nous avons déjà eu l'occasion de dire en passant que le faubourg de Saint-Martin est le berceau de notre ville actuelle. Son antiquité, relativement à la ville elle-même, ressort déjà d'une manière frappante de l'épithète qui les distinguait encore toutes deux du temps de Fleureau, où Étampes-les-Vieilles était encore opposée à Étampes-le-Châtel. La date bien plus récente de cette dernière ne permet pas d'ailleurs de douter un instant à ce propos. Nous avons dit en effet que si elle ne dut pas entièrement son origine à Robert le Pieux, elle fut du moins fort agrandie par ce roi. Il y fit bâtir un palais, dit le Séjour, et un château-fort, dont il reste encore une ruine importante; les priviléges qu'il accorda aux habitants la rendirent en peu de temps considérable; elle seule devint dès lors l'objet de la sollicitude de ses successeurs : les chartes, les diplômes assez nombreux qui la concernent, en font foi; l'autre est négligée comme une bourgade en quelque sorte déshéritée, et dans tous les cas entièrement distincte. Cependant, plus tard, la nouvelle ville se relia à l'ancienne, dont elle fut sans doute longtemps séparée. C'est du reste une particularité qui n'est pas rare dans l'histoire de nos villes. Entre les deux s'étendait une certaine quantité de terres et de bois dont les bords de la rivière étaient probablement couverts, comme semble l'indiquer le nom de Bressault, — où entre le mot *saltus*, — donné à une partie de la prairie de ce côté de la ville.

Étampes-les-Vieilles s'étendait à gauche de la voie de Salioclita à Paris, entre cette voie et les deux rivières qui sortent de la vallée de Châlo-Saint-Mard, au pied de la colline du Rougemont. Elle était ainsi formée du faubourg actuel de Saint-Martin et du hameau du Petit-Saint-Mard, comme il résulte de ce passage de la chronique de Morigny : « Ecclesias de Stampis « veteribus, id est sancti Martini, sancti Albini, sancti Me- « dardi, dedit nobis rex Philippus (Philippe Ier) » (1). Ce passage indique qu'il y avait à Étampes-les-Vieilles trois églises ou chapelles, sans compter celles qui y furent construites par la suite, ce qui laisse à supposer qu'elle avait une certaine étendue. L'église, placée sous l'invocation de saint Martin, fut, d'après une tradition douteuse, édifiée ou agrandie par Hlodewig Ier ; elle a été remplacée par celle qui existe aujourd'hui (XIIe siècle). On voit encore quelques débris de la chapelle de Saint-Médard, au Petit-Saint-Mard, hameau dont le nom n'est que la contraction de celui de ce saint. Quant à celle de Saint-Aubin, il serait difficile de déterminer l'endroit où elle s'élevait.

Cette position d'Étampes est mise hors de doute par le récit de Frédégaire dont nous avons parlé au commencement de cette notice. On se rappelle que les armées de Théodorik de Bourgogne et de Hloter II, roi de Soissons, en vinrent aux mains auprès d'Étampes, en l'an 612 (2). Or, cette bataille n'a pu être livrée que sur les bords de la rivière de Loüette, au bas de ce coteau du Rougemont que nous venons de citer, et non sur les bords de la Juine, ainsi que le rapporte Aimoin (3). Aussi, adoptons-nous complétement le récit circonstancié et parfaitement compris qu'en donne Fleureau, d'après Frédégaire : « Landry (qui commandait l'armée de Hloter II) fit occuper par son armée la plaine qui est au-dessus de la ville, du côté d'occident, pour avoir l'avantage de combattre son ennemy à mesure qu'il sortirait de la prairie pour monter sur cette plaine (car Thierry venait du côté d'Orléans, et pour combattre Landry, il fallait qu'il traversât la prairie et les rivières de Chaloüette et de Loüette qui coulent dans ce vallon) ; le lieu est en-

(1) *Chron. Mauriniac.* Ex libro primo. D. Bouquet, t. XII.
(2) Voy. plus haut, p. 9.
(3) *Aimon. monach. flor. de gest. Franc.*, apud D. Bouquet, t. II.

core nommé aujourd'huy le Chantier des Batailles; et plus proche de la ville est le champ qui servit à enterrer les morts, surnommé pour cela le Champ des Morts, que le vulgaire appelle le Champ des Mores. Thierry fit toute la diligence possible pour faire passer la rivière à son armée, et gagna le haut de la colline et la plaine pour combattre avec pareil avantage du lieu; mais à peine la troisième partie de son armée avait-elle passé la rivière que le combat commença (1). »

Il suffit de suivre ce récit avec une carte sous les yeux pour en comprendre tous les détails (2). L'armée de Théodorik, venant d'Orléans et se dirigeant vers Paris, devait suivre la voie romaine qui traverse à Étampes les rivières de Loüette et de Chaloüette. L'armée ennemie, au contraire, était campée sur la colline qui est en face (3), et elle s'ébranla avant que Théodorik eût fait passer la rivière à tous les siens. Si la bataille s'était livrée sur les bords de la Juine, comme le dit Aimoin, il eût fallu que les deux armées se détournassent du chemin pour entrer dans les prés, à droite, où elles n'auraient manœuvré que très-difficilement; elles se seraient d'ailleurs trouvées avoir la Loüette et la Chaloüette à leur gauche; car toutes ces rivières coulent parallèlement jusqu'à plus d'une lieue au nord d'Étampes; les marais étaient impraticables, et, d'après le récit de Frédégaire, il n'y avait qu'un endroit par lequel l'armée pût passer, c'était un gué sur la Louëtte, « cum esset autem *pervius* ille locus ubi Loa fluvius transmeat. » (Voy la note 1.) La version d'Aimoin doit donc être rejetée. Nous croyons, en effet, que Frédégaire, contemporain des faits qu'il raconte, doit inspirer, pour de semblables détails, plus de confiance que l'autre his-

(1) Fleureau, *loc. cit.*, p. 15.
Voici le récit de Frédégaire (Duchesne, t. 1). « ... Cum exercitus super flu-
« vio Loa pervenit... cum esset autem pervius ille locus ubi Loa fluvius trans-
« meat, vix tertia pars exercitus Theuderici transierat, initum est prelium. »
V. encore la relation de cette bataille dans Aimoin. La chronique de saint Denis intervertit le rôle des deux armées, contrairement à Frédégaire et à Aimoin, parfaitement d'accord entre eux sur ce point. *Chr. de saint Denis,* D. Bouquet, t. III.

(2) V. les cartes de l'état-major, n°s 65 et 80.

(3) C'est l'endroit appelé aujourd'hui le Meurger de la bataille. Landrik se trouvait campé sur le plateau situé à l'entrée de la vallée de Châlo Saint-Mard, entre le chemin allant de Saint-Martin à la plaine, et appelé le chemin du Meurger de la bataille, et le chemin dit de Saint-Jean.

torien, qui n'écrivait que quatre siècles plus tard, surtout quand son récit est le seul qui s'accorde avec l'état des lieux où se passa cet événement.

Qu'il nous soit permis d'exprimer, en terminant, un regret que l'on appréciera facilement. Lors de la construction du chemin de fer de Paris à Orléans, il y a environ une quinzaine d'années, on voulut établir un four à pouzzolane à l'une des extrémités de la ville. En faisant les fouilles, on découvrit quelques tombeaux assez anciens. Cette découverte fut faite précisément auprès du faubourg de Saint-Martin, sur le lieu même où fut livrée la bataille que nous venons de raconter (1). On comprend combien il est à regretter que l'on n'ait dressé aucun procès-verbal d'un fait aussi intéressant pour la science, et que les débris de ces tombeaux aient été dispersés par les ouvriers qui en firent l'ouverture. Toutes nos recherches pour arriver à quelques éclaircissements à ce sujet ont complétement échoué ; nous avons appris seulement, de l'un des ouvriers, que l'on trouva dans un des tombeaux une épée de très-grande dimension et quelques lambeaux de vêtements. Peut-être était-ce là la sépulture de quelques chefs tués dans la bataille de 612, car ces tombeaux ne doivent pas être les seuls qui existent en cet endroit. Dans tous les cas, on ne pouvait manquer d'y recueillir des informations précieuses pour l'histoire d'Étampes, à quelque époque qu'ils appartinssent.

(1) Lieu dit Chauffour

TABLE ALPHABÉTIQUE

DES NOMS DE LIEUX CITÉS DANS CETTE NOTICE.

Agendicum, *Sens*, p. 27-31.
Allaines, p. 31.
Andelot, p. 8-16.
Aquæ Calidæ, *Vichy*, p. 26.
Aquæ Tarbellicæ, *Tarbes*, p. 26.
Arnouville, p. 14.
Arpajon, p. 13-28-31.
Augustodunum, *Autun*, p. 27-35, note.
Aureliani, *Orléans*, p. 27.
Autricum, *Chartres*, p. 27-31.
Autun, p. 27.
Batailles (Chantier des), p. 55-56, note 3.
Bazoches-les-Hautes, p. 31.
Beauce, p. 22-31-38-42 et 46, note.
Bibracte, *Autun*, p. 27.
Blois, p. 31.
Boulogne-sur-Mer, p. 31, note.
Bressault, p. 54.
Brunehault (parc et ferme de), p. 15-31-32.
Buno-Bonnevaux, p. 39, note.
Carnutes, *Chartres*, p. 27.
Carthage, p. 25 et la note.
Castellodunum, *Châteaudun*, p. 8-28.
Castra, *Castres* et *Châtres*, p. 13-28.
Castres, p. 28.

Châlo-Saint-Mard, p. 31-55.
Chaloüette (la), p. 40 en note, 55-56.
Chartres, p. 31-38-39.
Châteaudun, p. 8-28-31.
Châtres ou Arpajon, p. 13-28-31.
Chaufour, p. 57, note.
Corbeil, p. 40.
Cormainville, p. 31.
Dourdan, p. 16-40.
Dreux, p. 39.
Durocortorum, *Reims*, p. 27.
Emerville, p. 31.
Étréchy, p. 41.
Fontainebleau, p. 15.
Gâtinais, p 10-31-38.
Genabum, *Orléans*, p. 27-29-41.
Gergovie, p. 41.
Gesoriacum, *Boulogne-sur-Mer*, p. 31, note.
Gien, p. 29.
Gouillon, p. 31.
Hurepoix, p. 13.
Ivelines, p. 16-40.
Joina, Juinna, *la Juine*, p 9-29.
Juine (la), p. 9-29-52-55.
Léouville, p. 31.
Loa, *La Loüette*, p. 9-56, note.
Loüette (la), p. 9-40 en note, 55-56.
Lutetia, *Paris*, p 11-29.
Marseille, p. 35-45.
Méréville, p. 39, note.
Nantes, p. 35-46, note.
Narbonne, p. 25-35 note.
Nevers, p. 29-46, note.
Orléans, 27-35-40-46, note.
Paris, 12-29-56.
Petit-Saint-Mard, p. 55.
Pierrefitte, p. 39, note.
Provins, p. 10.
Pruvinensis pagus, p. 10.
Puiselet-le-Marais, p. 40.
Reims, p. 27.
Remi, *Reims*, p. 27.

Richarville, p. 14.
Rougemont (colline du), p. 55.
Sablons (prairie des), p. 15.
Saclas, p. 29-30-31-52.
Saint-Chéron, p. 39, note.
Saint-Martin (faubourg de), p. 17-28-37-55-56.
Salioclita, Salioclitæ, Salclitæ, Saclitæ, *Saclas*, p. 29-30-36.
Semur, p. 33, note.
Senones, *Sens*, Senonicus pagus, p. 10-27.
Sens, p. 27-31.
Sermaises, p. 27, note, 31.
Stain, p. 53.
Tarbes, p. 26.
Thionville, p. 39, note.
Torfou, Tourfour, Tréfou, p. 40 et note.
Toury, p. 39, note.
Valpuiseaux, p. 40.
Varenne (la), p. 15.
Vichy, p. 26.
Wastinensis pagus, *Gâtinais*, p. 10.

TABLE DES MATIÈRES

Exposition.. 5
§ I. Epoque franque.. 10
§ II. Epoque romaine....................................... 25
§ III. Epoque gauloise....................................... 35
§ IV. Conclusion... 53
Table géographique... 59